HISTÓRIA DO POVO
ÁRABE

Dominique Sourdel

HISTÓRIA DO POVO
ÁRABE

Tradução
Cândida Leite Georgopoulos

JOSÉ OLYMPIO
E D I T O R A

Rio de Janeiro, 2011

Título do original em francês
HISTOIRE DES ARABES (Que sais-je?)

© *Presses Universitaires de France*, 1976

Reservam-se os direitos desta edição à
EDITORA JOSÉ OLYMPIO LTDA.
Rua Argentina, 171 — 3º andar — São Cristóvão
20921-380 — Rio de Janeiro, RJ — República Federativa do Brasil
Tel.: (21) 2585-2060
Printed in Brazil / Impresso no Brasil

Atendimento e venda direta ao leitor
mdireto@record.com.br
Tel.: (21) 2585-2002

ISBN 978-85-03-01024-5

Capa: INTERFACE DESIGNERS / SERGIO LIUZZI
Revisão técnica: BEATRIZ BISSIO. Doutora em História. Professora do
Departamento de História da UERJ e pesquisadora do *Scriptorium*-
Laboratório de Estudos Medievais e Ibéricos do Programa de Pós-Graduação
em História da UFF
Foto de capa: THE BRIDGEMAN ART LIBRARY/GETTY IMAGES
Diagramação: ALTA RESOLUÇÃO

Livro revisado segundo o novo Acordo Ortográfico da Língua Portuguesa.

CIP-BRASIL. CATALOGAÇÃO NA FONTE
SINDICATO NACIONAL DOS EDITORES DE LIVROS, RJ

S695h
      Sourdel, Dominique
        História do povo árabe / Dominique Sourdel ; tradução de
      Cândida Leite Georgopoulos. - Rio de Janeiro : José Olympio, 2011.

        Tradução de: Histoire des arabes
        Inclui bibliografia
        ISBN 978-85-03-01024-5

        1. Árabes - História - Até 1975. 2. Países Árabes - História. 3.
      Civilização árabe. I. Título.

10-6218.   CDD: 953
                     CDU: 94(=411.21)

SUMÁRIO

Prefácio 7

CAPÍTULO I: OS ÁRABES ANTES DO ISLÃ 11
1. Primeiro milênio 11
2. Os estados da Arábia do Sul 14
3. A Arábia Central 16

CAPÍTULO II: O ISLÃ E AS CONQUISTAS 25
1. O aparecimento do islã 25
2. As conquistas árabes 29
3. Guerra contra os bizantinos 30
4. Mesopotâmia, Pérsia, Transoxiana 31
5. O Egito e a África do Norte 32
6. A Península Ibérica 34
7. Árabes e populações conquistadas 35

CAPÍTULO III: O IMPÉRIO ÁRABE (SÉCULOS VII E VIII) 37
1. As primeiras lutas de clãs 37
2. A instauração do regime omíada e o reinado
    de Mu'âwiya 42

6 | DOMINIQUE SOURDEL

3. A época de 'Abd al-Malik 48
4. O declínio do regime omíada 51

CAPÍTULO IV: OS ÁRABES NO ORIENTE DO SÉCULO VIII AO XI 57
1. A nova dinastia 57
2. Declínio do poder do califa e desmembramento do
  Império 59
3. A sociedade do Império Árabe-islâmico 68
4. A cultura e a civilização do mundo árabe-islâmico 72

CAPÍTULO V: O OCIDENTE ÁRABE DO SÉCULO VIII AO XV 79
1. O Ocidente árabe-islâmico até a metade do século XI 79
2. O desabrochar da Espanha árabe-islâmica 83
3. O Magrebe e a Espanha do fim do século XI ao início do
  século XVI 90
4. A herança árabe no Ocidente 95

CAPÍTULO VI: ÁRABES, TURCOS E MONGÓIS NO ORIENTE 101
1. Seljúcidas e pós-seljúcidas 101
2. Mongóis e mamelucos 109

CAPÍTULO VII: O RENASCIMENTO DO MUNDO ÁRABE NOS
  SÉCULOS XIX E XX 117
1. O Egito até 1882 120
2. O Oriente Próximo árabe até 1908 122
3. A evolução do Oriente Próximo de 1908 a 1914 125
4. O mundo árabe de 1914 até nossos dias 129

Bibliografia 139

PREFÁCIO

Apesar das aparências, não é fácil escrever a história dos árabes, na medida em que essa expressão, hoje de uso corrente para designar um vasto conjunto de populações de língua árabe, encobriu no passado uma realidade instável e difícil de delimitar. É possível, sem risco de errar, reservá-la apenas aos habitantes da Arábia, os que lá viviam antes do aparecimento do islã e lá permaneceram nos séculos seguintes. Entretanto, uma denominação tão restritiva não permite mais que uma análise imperfeita da evolução a partir da qual nasceu o uso atual. Uso que insiste nos laços culturais e linguísticos que unem a Líbia e o Magrebe aos países árabes do Oriente Próximo. Uso, também, cuja legitimidade não se busca estabelecer recorrendo a discutíveis definições de raça, mas percebendo assim a expressão de um sentimento instintivo que, aos que o vivem, se superpõe a seus respectivos patriotismos e reflete a consciência de pertencer não apenas aos estados modernos de que são cidadãos, mas ainda a uma nação árabe que continua a se distinguir por sua herança viva e comum.

Essa herança é também a da evolução que os países do atual "mundo árabe", e outros, conheceram a partir do século VII d. C., quando um profeta árabe desencadeou, pela proclamação em Meca de uma nova religião, a revolução política e social cujos efeitos ainda se fazem presentes. Desde então a língua árabe, imbuída de prestígio e de valor sagrado, espalhou-se por todas as partes do imenso Império que logo se constituiu e integrou povos de línguas originariamente diferentes, por vezes até não semíticas. Em torno de pequenos grupos vindos da Arábia e transplantados longe de sua província de origem, ao redor de seus descendentes diretos, agruparam-se elementos heterogêneos, de enraizamento local mais ou menos antigo, que foram arabizados e, ao mesmo tempo, subjugados ou convertidos, visto que a ideia de pertencer ao islã se confundia, para os primeiros muçulmanos, com a adoção do arabismo. Depois, essa sociedade medieval, cuja designação de árabe era diferentemente justificada de acordo com as regiões e a qualidade do seu substrato, sofreu o choque de outros acontecimentos sucessivos. As ondas de invasões estrangeiras, turcas ou mongóis, por exemplo, assim como a recuperação da vitalidade de línguas autóctones como o iraniano ou o berbere, a ampliação também do islã a um domínio mais vasto que logo englobou a Anatólia bizantina, a Europa balcânica, o Sudeste Asiático ou a África negra, tiveram como resultado acentuar uma desagregação interna cujo germe já se encontrava no precedente Império Árabe-islâmico que acabava de se unificar. O mundo profundamente arabizado deixou então — apesar do papel de língua religiosa que conservava o árabe para os recém-convertidos — de coincidir com o conjunto do mundo islamizado, enquanto se aprofundava no significado do arabismo para os que pretendiam permanecer como seus únicos depositários.

As grandes famílias (os nomes dos califas estão em itálico)

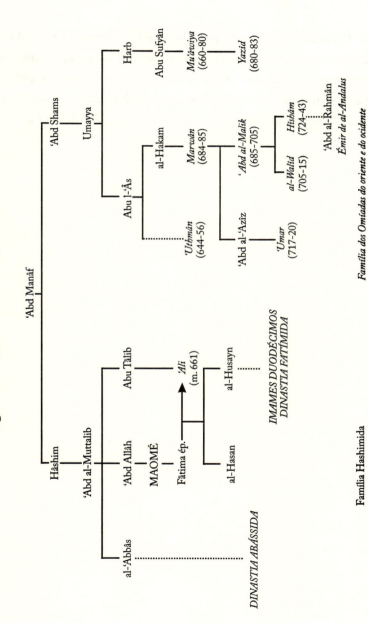

Família Hashimida

Família dos Omíadas do oriente e do ocidente

Portanto a *História do povo árabe* é bem longa, confundida, em parte, com a do islã antigo, que pode explicar alguns aspectos da situação atual, e por isso merece uma atenção particular, apesar de suscitar uma problemática delicada e que só poderá ser evocada aqui de maneira simplificada.

Capítulo I
Os árabes antes do islã

1. Primeiro milênio

A história dos árabes, mesmo no seio da Arábia, não é muito conhecida antes da época helenística. Poucos textos "árabes" referem-se para além do século IV da nossa era; ainda mais esses textos da Arábia do Sul — compostos, na maior parte, por curtas inscrições — são de difícil datação e de cronologia discutível, o que torna relevantes as informações fornecidas por documentos estrangeiros. Segundo esses, os árabes teriam surgido na literatura assírio-babilônica do século IX a. C. sob a forma *Urbi*, e a Arábia teria sido designada pelo termo *Aribi*. O nome *Arabaya* foi dado em seguida à satrapia que os persas organizaram em 539 a. C., muitos séculos antes da criação de uma província romana que englobaria o extremo norte da península. Quanto aos habitantes da Arábia, ou pelo menos de sua parte central, que pelos autores antigos eram chamados de árabes cenitas, isto é, aqueles que vivem sob a tenda (do grego *skênê*), receberam em seguida o nome *Sarakênoi*, em grego, e *Saraceni*, em latim, que deu em português sarracenos. Eram então considerados essencialmente nômades, sentido que, em árabe, conservou o apelativo *al-'arab*.

A península árabe, vasta plataforma que se inclina para o deserto sírio-mesopotâmico e separada da África pela falha do mar Vermelho, tinha então aspecto semelhante ao de hoje: as teorias relativas a uma mudança de clima que teria ocasionado uma "beduinização" de sua parte central pouco antes da época do islã parece não terem fundamento. Entre suas paisagens diversas, distinguiam-se, principalmente, a estepe chamada *Badiya*, próxima da Síria e da Mesopotâmia, o deserto de dunas chamado *Nufud* (no centro do planalto de Najd) e o vasto deserto de areia do Sudeste, denominado *al-Rab' al-Khali*, o "país vazio". Nesse maciço território atravessado pelo Trópico de Câncer, o clima era em quase toda parte muito seco e a vegetação, rara; excetuando os oásis de tamareiras onde a abundância de água permitia a irrigação, eram raros os poços utilizáveis pelos nômades e seus rebanhos. Mas o sul e o leste constituíam uma região "feliz", onde altas montanhas beneficiavam com chuvas de monções: assim, o Iêmen, o Hadramaut e o Omã tiveram sempre uma agricultura desenvolvida, baseada em sua situação privilegiada e na sua exploração racional.

Nessa "península dos árabes" (*Djazîrat al-'Arab*), como dirão mais tarde os autores árabes, a população foi muito variada ao longo dos séculos que precederam a era cristã. Tratava-se, sem dúvida, de um agregado de tribos diversas, algumas das quais tiveram os nomes citados em alguns textos, por exemplo, na Bíblia (Ezequiel, 27, 22); mas não se sabe se sempre constituíram a única população do país nem que papel exato representaram no mundo oriental na época em que foram mencionadas por seus vizinhos.

A maioria desses habitantes falava árabe, língua "semítica" aparentada com o acádico, o cananeu, o arameu, o hebreu, bem como com o ugarítico e o etíope. O estudo dessas línguas — a linguística semítica comparada — não resolve, entretanto, os problemas históricos que ela apresenta. Supõe-se que tenha existido uma língua original, o "semítico comum", e que a região onde ele foi falado tenha sido o "berço dos semitas", mas nada permite precisar onde se situava esse país. As hipóteses que se podem formular repousam em argumentos não categóricos. Enquanto alguns estudiosos consideravam que, por migrações sucessivas, os diversos povos semíticos se originaram da Arábia, outros mencionam a Mesopotâmia.

Dois fatos são certos: em primeiro lugar, o árabe constitui uma língua semita de estrutura perfeita; em segundo, no início do primeiro milênio, os povos vizinhos consideravam que as populações da Arábia possuíam uma unidade de língua e de costumes suficiente para que lhes fosse aplicado um nome comum, a despeito dos diversos gêneros de vida que distinguiam os pastores da Arábia Central dos mercadores ou agricultores da Arábia do Sul. Aliás, essas tribos árabes se dividiam em dois grandes grupos, o dos árabes do norte e o dos árabes do sul, que remontavam a dois ancestrais, Qahtân e 'Adnân, enquanto uma filiação mais longínqua os fazia descender de Abraão, por seu filho Ismael. Qualquer que seja o valor objetivo dessas tradições, das quais os historiadores da época islâmica se apoderaram para reforçar o sentimento "nacional" árabe em face de outros povos do

14 | DOMINIQUE SOURDEL

Império, parece que refletiram opiniões antigas e comumente admitidas pelos habitantes da Arábia.

2. Os estados da Arábia do Sul

Estados diversos, como os de Sabá, Ma'in, Qataban, Hadramawt e Awsan, conhecidos principalmente por inscrições, distinguiam-se, entretanto, na parte meridional da península. Foram descritos no século III a. C. por autores gregos, mas não se sabe se já existiam há muito mais tempo, como se acreditava antigamente, ou se sua prosperidade, e até mesmo sua existência, era de data recente. Governados primeiro (ou, pelo menos, alguns dentre eles) por reis-sacerdotes chamados *mukarrib*, estiveram quase em guerra constante uns com os outros. Conseguiram resistir à expedição enviada, no reinado de Augusto, pelo prefeito egípcio Elio Galo. As conquistas de um rei de Sabá chamado Shammar provocaram depois, no século IV de nossa era, uma ofensiva aos etíopes, que, por volta de 335, atravessaram o mar e ocuparam quase toda a Arábia do Sul.

Na época da ocupação etíope, o cristianismo e o judaísmo já estavam presentes, mas as religiões locais continuavam predominantes. Divindades, sobretudo astrais, das quais as mais conhecidas são Athtar, correspondente a Vênus, e Shams, que corresponde ao Sol, formavam um panteão múltiplo e variável conforme os lugares. Seus templos eram servidos e guardados por sacerdotes assistidos por homens e mulheres especialmente devotados ao culto. A classe dirigente,

HISTÓRIA DO POVO ÁRABE | 15

por outro lado, era constituída por grandes proprietários fundiários que assistiam os reis no exercício de sua função.

Quanto à situação econômica, justifica a cobiça de que foi objeto por ser uma região que fornecia ao mundo mediterrâneo não somente os perfumes e condimentos que produzia, mas também diversos produtos que importava do Extremo Oriente e da África Oriental. O comércio de caravaneiros e a navegação estavam entre as atividades mais difundidas, ao lado do cultivo de plantas raras. As caravanas alcançavam a Palestina de um lado e o golfo Pérsico do outro. Essas trocas faziam da Arábia do Sul, e particularmente do reino de Sabá, uma região cujo luxo e esplendor tinham se tornado proverbiais e suscitavam a admiração dos gregos. Embora a arqueologia ainda seja incipiente nesses lugares, foi possível identificar vestígios importantes das construções sabeístas e também resgatar indícios de instalações hidráulicas, das quais a mais célebre é o dique de Ma'rib.

Depois desse período de prosperidade, a história do país foi particularmente movimentada. Alguns soberanos que a dominaram, rechaçando a influência etíope, aliaram-se aos sassânidas; de tendência judaizante, fizeram os cristãos sofrerem perseguições das quais a de Najran, em 523, permaneceu memorável. Outros, ao contrário, foram aliados dos etíopes e do Império Romano do Oriente ou Império Bizantino; esmeraram-se para estender para o norte sua influência, e, no século VI, um rei de nome Abraha conduziu expedições até a região de Meca. Mas desde 572 os sassânidas tinham destruído essa nova dominação, estabelecendo na Arábia Meridional uma espécie de protetorado persa, que perdurou até o aparecimento do islã.

3. A Arábia Central

Na Arábia Central e Setentrional, ao contrário, não existia então, nem jamais havia existido, um estado constituído. A região era habitada por beduínos criadores de camelos, mercadores responsáveis por um verdadeiro tráfico caravaneiro, e agricultores agrupados nos oásis. Desenvolveram-se aí algumas aglomerações como a de Meca, centro econômico e lugar frequentado por peregrinações. Mas a organização social permanecia sempre, onde quer que fosse, baseada na existência da tribo e nas relações entre tribos. O indivíduo só tinha proteção entre os seus, mais precisamente de seu clã, graças à prática da vendeta (thâr). Não existia lei que se aplicasse a todos, nem recurso à justiça, e uma sociedade como a de Meca apresentava-se como uma justaposição de grupos com estrutura familiar, tendo cada um deles um chefe denominado sayyid, geralmente um homem idoso, cuja autoridade repousava no prestígio pessoal. Esses clãs tinham poder e riqueza inegáveis; os mais frágeis entre eles estavam reunidos em espécies de confederações que gravitavam em torno dos mais fortes.

A vida no deserto, que na verdade não mudou muito ao longo do tempo, era muito dura e levava a uma seleção impiedosa entre os indivíduos. Pastores e nômades, os beduínos se deslocavam seguindo seus rebanhos, conforme as possibilidades de pastagem. Ataques que tinham por finalidade se apropriar dos animais de um grupo vizinho não eram raros, mas quase nunca acompanhados da morte de um homem, porque sangue derramado ou ofensa grave exigiam inevitavelmente uma vingança da qual se devia encarregar o parente mais próximo. Essas regras, bem como o respeito às leis da hospitalidade que temperavam a rudeza dos costumes, não impediam a existência de confrontos bélicos entre clãs e tribos vizinhas. A narração dessas proezas era objeto de uma poesia beduína que tratava também do amor, da saudade do acampamento abandonado e de certos aspectos trágicos da natureza.

Naturalmente poeta, bem-falante, o beduíno tinha vida religiosa pouco intensa. Venerava certos espíritos invisíveis que habitavam pedras sagradas ou bétilos, divindades astrais das quais as mais conhecidas eram Allât, 'Ouzzâ, personificação de Vênus, bem como Manât, deusa da sorte, sem contar Alá ou "o Deus", deus supremo criador. Alguns grandes mercados eram também lugares de peregrinação onde se visitavam deuses mais ou menos obscuros, como Hubal em Meca, cuja morada era objeto de ritos de circum-ambulação. A adivinhação era, aliás, praticada, com a ajuda de pássaros ou de flechas. O ideal moral era muito simples: misto de coragem, de resignação e de espírito de solidariedade, que se qualificava com a expressão *muruwa*, "virilidade"; ele permitia ao indivíduo agir "como homem" no seio do seu clã e resistir com bravura à fatalidade implacável que o rodeava, aparentemente sem nenhuma esperança no Além. Nos centros sedentários, algumas influências externas começavam a surgir: em Meca, gente da plebe e sobretudo escravos — porque eles existiam nessa sociedade — tinham sido conquistados por um cristianismo rudimentar e, num oásis como Yathrib, havia comunidades judaicas entre agricultores e artesãos. Mas tratava-se de infiltrações localizadas, que não parecem ter penetrado profundamente a mentalidade ambiente, embora atestando os laços que desde então existiam entre a Arábia Setentrional ou Central e os países vizinhos.

Na verdade, seus habitantes, que pareciam afastados da vida dos grandes impérios, permaneciam em contato, desde eras remotas e através das estepes sírio-mesopotâmicas, com populações de um nível de civilização mais elevado. Seus grupos que nomadizavam para o norte são conhecidos sobretudo por inscrições, ou melhor, grafites, que deixaram em diversos pontos da Arábia ou de suas fronteiras, e que são designados tradicionalmente pela expressão "tamudeanos". Os textos foram escritos com o alfabeto sul-arábico, mas em um dialeto árabe do norte. Muito curtos, fornecem algumas informações sobre esses beduínos pouco a pouco sedentarizados, que cediam um lugar em seu panteão para os deuses arameus e nabateus que podem ter servido entre as fileiras dos soldados romanos sob o nome de *equites Thamudeni*, mas que, apesar do enfraquecimento dos próprios laços tribais, não conheciam uma organização política precisa.

Entre eles, apenas os nabateus, que também apareceram por volta do século V a. C. e estavam instalados ao sul e a

HISTÓRIA DO POVO ÁRABE | 19

leste do mar Morto, tinham constituído um verdadeiro reino, em torno do refúgio rochoso de Sela (em grego *Petra*).

Durante muito tempo admitiu-se que se tratava sobretudo de caravaneiros que asseguravam o transporte de mercadorias entre a Arábia Central e a Palestina, mas depois se descobriu que havia também agricultores estabelecidos nas estepes da Jordânia atual. Tendo eliminado o povo do Edom, tinham adotado a escrita e a língua aramaicas, mas continuavam, ao que parece, a falar um dialeto árabe; suas divindades eram divindades árabes, tais como Dhusara e Allat, assimilados, depois, como Dioniso e Atena, e seus templos eram erguidos em lugares altos. A cultura grega era, para eles, superior à cultura aramaico-árabe, e um de seus reis, Aretas III, adotara o sobrenome Fileleno. Na época romana, ocuparam um vasto território, e sua influência estendia-se até a região de Damasco, segundo uma passagem dos *Atos dos Apóstolos*; mas os romanos logo anexaram, em 106, o reino nabateu, do qual criaram a *Província Arábica*.

Paralelamente, outros grupos árabes se infiltraram de forma pacífica na Síria, e, em certo momento, durante o declínio da monarquia selêucida, formaram pequenos reinos, principalmente em Chalcis ou em Emesa, bem como em Edessa. Constituíram também uma parte importante da população de Palmira, uma cidade rica em santuários árabes. A mãe do imperador romano Caracala era árabe, de Emesa, e sua irmã conseguiu fazer com que dois de seus netos — Elagábalo e Alexandre Severo — se tornassem imperadores romanos. No século III, o rei Filipe, o Árabe, era originário de Hauran, região da Síria vizinha do deserto basáltico onde, durante toda a época romana, criadores de animais deixaram grafites que lembravam as inscrições tamoudianas e que chamamos de "safaíticas".

A partir do século III de nossa era, o movimento tomou maior amplitude, favorecido pelas lutas entre o Irã e o Império Romano do Oriente. Novos grupos entraram em cena. A princípio foram os lakhmidas, que residiam em Hira, na Mesopotâmia, e que conseguiram dominar quase todo o deserto sírio; pertencia a eles, sem dúvida, a personagem chamada Imru I-Qays, cuja inscrição funerária, datando de 328, foi encontrada no Hauran e na qual ele se gabava de ser "rei de todos os árabes". Sabe-se que os lakhmidas, convertidos ao cristianismo nestoriano, se tornaram aliados dos sassânidas, cujas fronteiras ocidentais protegiam. Foi para enfrentá-los que os bizantinos, por volta de 500, decidiram favorecer outra família árabe, a de Gassan, da qual um dos chefes, al-Hârith ibn Djabala, foi nomeado por Justiniano "filarca e patrício" depois de sua vitória sobre um dos reis lakhmidas de Hira. Esses gassânidas, que eram também cristãos, mas monofisitas, ocupavam sobretudo a Jordânia, com a missão de proteger toda a antiga fronteira (*limes*) romana da Síria; a expedição sassânida contra a Palestina em 613-614 praticamente os dispersou.

Seja como for, lakhmidas e gassânidas participavam de uma mesma cultura, mais evoluída que a das tribos nômades da Arábia. Teriam conhecido o fausto de verdadeiras cortes reais, apreciado refinamentos de civilização, e, às vésperas

HISTÓRIA DO POVO ÁRABE | 21

do aparecimento do islã, uma nova escrita, a escrita árabe, tinha sido usada por grupos a que eles estiveram mais ou menos ligados. Os testemunhos que, a esse respeito, se podem invocar reduzem-se a algumas inscrições chamadas protoárabes: uma inscrição cristã trilíngue de 512, encontrada em Zabad, na Síria do Norte; outra inscrição de 568, proveniente de Harran, na região de Hauran, evocando a construção de um martírio (*martyrium*); uma inscrição do Djabal Usays, a leste de Damasco, datada de 528 e mencionando o filarca gassânida al-Hârith, à qual é preciso talvez juntar uma inscrição não datada de Umm al-Djimal, no sul de Bosra. É todavia certo que, no século VI de nossa era, na Síria e na Jordânia eram utilizados caracteres próximos daqueles que depois foram chamados árabes, diferentes dos que se empregavam, no início do século IV, na mesma região. Entre esses dois períodos se situaria, portanto, a invenção da escrita árabe — ou seu nascimento, por transformação progressiva de escritas anteriores —, e o fenômeno teria acontecido nos territórios regidos pelos lakhmidas e pelos gassânidas, sem que seja possível aprofundar a pesquisa nem saber se essa escrita foi realmente elaborada na Mesopotâmia, como querem os historiadores árabes posteriores, antes de se espalhar pela Síria-Jordânia e pela Arábia propriamente dita.

O fato é que, às vésperas do aparecimento do islã, a escrita era usada em cidades árabes como Meca. Esta, no início do século VI, se tornara uma grande cidade mercantil, dominada pela tribo de Quraysh e governada por um conselho

22 | DOMINIQUE SOURDEL

de poderosos chamado *malâ*. Seus habitantes começaram a organizar caravanas que faziam a ligação entre a Arábia do Sul, então em declínio, e a costa mediterrânea. As antigas rotas comerciais que tinham feito a prosperidade do reino de Saba tinham-se modificado: daí em diante muitos navios iam diretamente do Egito à Índia, e novas rotas ligando Antióquia à Mesopotâmia e à Pérsia estavam igualmente abertas. O empobrecimento que essa situação causava à Arábia do Sul explica, sem dúvida, por que importantes obras de arte, como o dique de Ma'rib, foram então demolidas, em vez de serem restauradas. No Hidjaz,[1] ao contrário, a atividade caravaneira, sustentada pela atividade agrícola de alguns oásis como Yathrib ou Ta'if, tinha criado uma nova e próspera economia, acompanhada de profundas mudanças de mentalidade. A atração pelo lucro se fortalecia entre os ricos mercadores, que tratavam os mais fracos com desprezo crescente. O humanismo tribal, adaptado sobretudo aos problemas e às necessidades de beduínos do deserto, já não bastava para reger as relações sociais nesse novo quadro. O mundo mequense e hidjaziense começa a se agitar com uma crise, à qual se costuma atribuir o sucesso que logo obteve a pregação de Maomé.

Apesar de nessa época os árabes demonstrarem um dinamismo crescente em suas relações com o país cujas fronteiras há muito eles haviam adentrado, teriam eles a consciência de

---

[1] Região situada ao oeste da Arábia Saudita, onde cresceu o profeta Maomé. (*N. da R.*)

formar um só povo? Pode-se apenas afirmar que o sentimento confuso de uma mesma origem, expresso nas lendas de caráter genealógico, unia então seus diversos grupos, fossem eles árabes do sul, de civilização antiga prestigiosa mas decadente, árabes do centro, caravaneiros, beduínos e sedentários, ou árabes do norte, meio sedentarizados e instalados fora dos limites da Arábia. Nessas narrativas, a cada tribo era atribuída uma história precisa, que, embora talvez não se apoiasse em uma realidade verificável, era comumente aceita, e ainda subsiste. Assim, cabe pensar que a expressão "península dos árabes" continha, mesmo antes da constituição do primeiro estado muçulmano, uma certa realidade que foi aproveitada nos séculos ulteriores e que repousava no sentimento, comum a seus habitantes, de pertencer a um mesmo conjunto linguístico e étnico de caráter semítico.

Capítulo II
O Islã e as Conquistas

1. O aparecimento do islã

Não se sabe exatamente a data em que um árabe de Meca, Maomé, começou a pregar, aos seus companheiros de tribo, uma religião nova, designada sob o nome de islã, "submissão a Deus", porque recomendava a todos, e especialmente aos ricos, submeterem-se ao Deus único, chamado *Alá*, e se prepararem para um juízo final iminente. Sabe-se, por outro lado, que, em 622, após as dificuldades que encontraram junto aos notáveis de Meca, Maomé e os adeptos da nova fé, os "crentes", também chamados muçulmanos, expatriaram-se para buscar refúgio junto aos habitantes do oásis de Yathrib, situado a uma centena de quilômetros ao norte, que se tornou a "cidade" (*madina*) do profeta ou Medina. Foi a hégira, que marcou o início da era muçulmana. Sabe-se também que Maomé morreu alguns anos mais tarde, em 632, depois de ter conseguido retornar triunfante a Meca, e ter organizado, em Medina, uma nova comunidade onde conviviam os primeiros muçulmanos, originários de Meca, que eram chamados de *muhâdjirûn* ou "expatriados", e medinenses convertidos, que levavam o nome de *ansâr*, ou "sustentáculos".

Não é o momento de lembrar o conteúdo da mensagem que Maomé compôs sob a forma de uma "recitação" (de onde o nome *Qur'ân*, em português *Corão*), nem as peripécias da luta que opôs os membros de sua comunidade à pátria mequense de onde alguns eram provenientes. Mas é preciso sublinhar que a "revelação" corânica foi expressa em "língua árabe", como é repetido muitas vezes em seu próprio texto, e dirigida primeiro aos árabes, que passaram a se considerar o povo eleito. A esse respeito, o que importa, sem discutir a vocação universal que o islã teria ou não desde a origem, é que os árabes, a partir da morte de Maomé, se sentiram encarregados de transmitir sua mensagem aos não árabes, missão essa que lhes conferiu para sempre um sentimento de superioridade. Convém sublinhar também que o Corão, chamado "o Livro" (*al-kitâb*) por excelência, constituiu a base de uma religião que se fundamenta não apenas na imitação do Profeta, simples mensageiro falível, mas no respeito ao Livro, eventualmente completado pela "prática" do Profeta (*sunna*). As ciências religiosas que se desenvolveram em seguida apoiaram-se, pois, em um Livro revelado que só podia ser realmente compreendido por quem soubesse o árabe; as preces foram em parte extraídas desse texto, e os letrados muçulmanos de qualquer origem foram obrigados a conhecer bem o árabe, a língua que deveria manter sempre sua superioridade incontestada, o que se perpetuou até a época moderna, mesmo depois de autorizadas as traduções do Corão para qualquer idioma.

Entretanto, qual era a língua árabe no momento do aparecimento do islã? E a que conhecemos por ser utilizada no

Corão já teria um passado? Essas perguntas estão ligadas à autenticidade dos poemas ditos pré-islâmicos, que os filólogos árabes antigos escolheram para estudar e melhor compreender a mensagem corânica, e que revelam um mesmo estágio da língua. Certos eruditos modernos, ocidentais e mesmo orientais, argumentaram que esses textos, recolhidos apenas nos séculos II e III da hégira, eram piedosas falsificações, não remontando, pois, à época à qual tinham sido atribuídos. Mas essa atitude cética encontra cada vez menos adeptos: o conteúdo desses poemas, bastante peculiar e que os distingue dos poemas da época islâmica, nos autoriza a pensar que nasceram em um meio antigo, e que apenas a sua forma pode ser contestada. Hoje, portanto, estaríamos mais tentados a admitir que as tribos da Arábia Central pré-islâmica utilizavam, em certas circunstâncias, uma língua de caráter literário, compreendida por todos ou por quase todos, e distinta dos falares locais, que às vezes são designados pela expressão *koinê*, expressão sem dúvida inexata no sentido estrito, mas que dá muito bem uma ideia da situação linguística na época de Maomé. Seria essa a língua comum, mais que um falar local, que a revelação teria inopinadamente contribuído para difundir, sem alterar a vitalidade da herança poética a que ela servira como meio de expressão.

Além disso, a mensagem corânica como tal também contribuía para modificar consideravelmente as estruturas políticas e sociais das populações árabes que a tinham recebido. A organização tribal, se não desapareceu, foi superada por uma nova noção, a de solidariedade muçulmana em uma sociedade cujo fundamento era religioso. Desde a instauração da comunidade de Medina, todos os muçulmanos se tornaram irmãos: romperam qualquer laço com os parentes ou com companheiros de tribo que ficaram em Meca e contra os quais lutavam; as distinções existentes entre eles ajudavam a separá-los, fosse entre "expatriados" e medinenses, mais recentemente convertidos, fosse entre verdadeiros muçulmanos e "hipócritas", cuja adesão não era sincera. O próprio chefe dessa comunidade devia seu cargo não à origem familiar, idade ou experiência, mas à sua qualidade de profeta. Tais laços sociais, definidos pelo texto impropriamente chamado "Constituição de Medina"[2], abriam novo capítulo da história dos árabes, enquanto a fraternidade entre os crentes assim estabelecida implicava igualmente a fraternidade entre muçulmanos de qualquer língua e de qualquer raça. Certamente não se pode afirmar que Maomé houvesse previsto essa consequência da "recitação" por ele transmitida. A verdade é que as versões existentes da arenga que ele pronunciou pouco antes da morte, e que é conhecida sob o nome de "discurso do adeus", contêm quase todas uma frase que afirma a igualdade entre árabes e não árabes. Logo, ao mesmo tempo em que ele reforçava e cristalizava um sentimento nacional árabe até então difuso, o islã estabelecia entre os crentes uma fraternidade que diluía as origens nacionais ou raciais e que faria a própria noção de arabismo sofrer mais tarde.

---

[2] Também conhecida como "Carta de Medina", foi elaborada por Maomé com a finalidade de pacificar as relações entre muçulmanos, judeus e cristãos. (N. da R.)

2. As conquistas árabes

A primeira consequência direta do aparecimento do islã foi a unificação, em nome de um ideal comum, de uma Arábia cujas diversas tribos se tinham submetido a Maomé pouco antes da sua morte. A segunda consequência foi o movimento de conquista que permitiu aos árabes, tornados muçulmanos, ocupar vastos territórios situados fora da Arábia e dominar regiões que, em torno de 750, se estendiam dos Pireneus aos confins da China.

O próprio Maomé tinha dado o exemplo ao enviar expedições à estepe sírio-jordaniana, com o provável objetivo de reunir os agrupamentos árabes instalados nessas regiões, e cujo resultado fora um fracasso. Depois de sua morte, a impressão foi que o movimento assim iniciado estava comprometido. Seu sucessor enfrentou, de fato, uma revolta declarada de certas tribos da Arábia Central, que abandonavam a partir de então a causa do profeta do islã e se recusavam a pagar o tributo legal, ou *zakât,* ao novo chefe. Apenas expedições de guerra puderam pôr fim às tentativas de emancipação que assim surgiam em diversos pontos da Arábia. Mas, antes mesmo de ter restabelecido sua autoridade em todo o território que Maomé tinha conseguido unificar, o primeiro califa, Abû Bakr, organizou outras expedições para o norte, as quais, graças à perspectiva de fecundo butim, parecem ter atuado a favor da união definitiva dos beduínos.

As conquistas que se seguiram devem ser então qualificadas como muçulmanas ou como árabes? Cabem ambos os termos, porque os árabes, sem o islã, só teriam conseguido infiltrações esporádicas, e o islã, sem os árabes e seu gosto pela invasão das terras inimigas (*razzia*), não teria podido deflagrar esse vasto movimento ofensivo cujas consequências políticas nem seus próprios artífices haviam previsto.

3. Guerra contra os bizantinos

No caminho seguido pelos árabes em busca de terras mais ricas, uma coluna comandada por Yazîd ibn Abî Sufyân, filho do antigo chefe dos mequenses, chegou em fevereiro de 634 aos confins da Palestina, onde desbaratou um exército bizantino. Em seguida, tendo recebido reforços vindos da Mesopotâmia, obteve uma vitória decisiva sobre os bizantinos nos arredores de Jerusalém, no lugar chamado Adjnadayn (julho de 634); essa vitória abriu para Yazîd e seu sócio, Khâlid ibn al-Walîd, não somente a Palestina, mas a Síria inteira, que foi ocupada pouco a pouco até o fim de 635. Foram então concluídos, com as populações das cidades, tratados que, em geral, lhes preservavam a vida e a liberdade de culto mediante o pagamento de um tributo. Entretanto, para que a conquista fosse definitiva, os muçulmanos tiveram de obter uma segunda vitória sobre as tropas do imperador Heráclio (batalha de Yarmuk, em agosto de 636). A partir de então a pacificação pôde ser levada a bom termo por Abû 'Ubayda, o sucessor de Yazîd que tinha sido vítima da peste chamada 'Amwas. Em 640, a última cidade, Cesareia, residência do governo imperial, capitulou nas mãos do irmão de Yazîd, o futuro califa Mu'âwiya.

Os exércitos árabes não pararam por aí. Penetraram na Alta Mesopotâmia, onde foram instalados os primeiros grupos

HISTÓRIA DO POVO ÁRABE | 31

tribais que dariam seu nome às regiões que ocuparam, Diyar Mudar, Diyar Rabi'a e Diyar Bakr, e avançaram até a Armênia, onde príncipes locais preservaram certa autonomia pagando tributo aos muçulmanos. Tentaram também penetrar na Ásia Menor, mas lá não conseguiram subjugar as defesas bizantinas durante muito tempo, contentando-se em efetuar, durante mais de vinte anos (de 642 a 666), incursões regulares que lhes permitiram avançar até Amorium ou até Ancyre, atual Ancara, mas não se fixar nessas regiões. As expedições marítimas efetuadas com a nova marinha formada pelos califas também não conseguiram quebrar a resistência do Império Bizantino. Sem dúvida as ilhas de Chipre, Rodes e, depois, Creta foram ocupadas, mas Constantinopla resistiu aos cercos que sofreu entre 668 e 718. Assim, no início do século VIII, o avanço árabe estava praticamente cerceado nos montes do Taurus.

4. Mesopotâmia, Pérsia, Transoxiana

As primeiras expedições lançadas contra o Império Sassânida parecem ter sido um feito das tribos árabes instaladas na baixa Mesopotâmia, ao longo do Eufrates. Chamado por estas, Khalîd tinha começado se apoderando de Hira, a antiga capital lakhmida, e depois teria de tomar a Síria. Operações de assalto continuaram até o momento em que um exército comandado por Sa'd rechaçou as tropas sassânidas em Kadisiya, no início de 637, e tomou Ctesifonte, a capital sassânida. A Mesopotâmia foi então ocupada, e os árabes se instalaram nas cidades-acampamento construídas em Basra e Kufa, de onde seguiram para o norte juntando-se a soldados vindos da Síria. Pouco depois, em 640, invadiram o Cuzistão, bateram-se em Nihawande, na Média, com um novo exército sassânida, que os árabes, graças à sua mobilidade, conseguiram aniquilar. Em consequência, foram ocupados a Média e depois o Azerbaijão, e em torno de 645 o antigo Rhagés (ou Rayy) passou ao domínio muçulmano.

A conquista da Pérsia Meridional e Oriental, onde os chefes locais continuavam a resistir, foi mais difícil. Mas o imperador Yazdagard, que tinha fugido para o leste, foi finalmente morto perto de Merv. O Império Sassânida inteiro estava nas mãos dos conquistadores árabes, que, na segunda metade do século VII, passaram a repelir as populações turcas com as quais se defrontavam muitas vezes e a ocupar os territórios situados além de Oxo. Começaram a invadir o Turquestão no início do século VIII, época em que a China era presa de perturbações externas; todavia, os exércitos chineses reagiram e, apesar da derrota que sofreram em 751 nas margens do rio Talas, impediram os árabes de ultrapassar os limites da Sogdiana. O movimento de conquista estava, pois, detido desse lado, como no *front* bizantino e na Índia, onde os muçulmanos também tinham-se introduzido, apoderando-se, desde 718, das embocaduras do Indo, bem como de uma parte do Pundjab.

5. O Egito e a África do Norte

A conquista da Síria não estava concluída, e tropas árabes já atravessavam o istmo de Suez e invadiam o Egito para

HISTÓRIA DO POVO ÁRABE | 33

controlar o "celeiro do mundo" que o delta do Nilo representava. O chefe, 'Amr, tomou Peluse sem dificuldade, depois marchou em direção à Babilônia e se deparou, em Heliópolis, com um exército bizantino malpreparado, que foi rapidamente dispersado (julho de 640). Pouco depois, a fortaleza da Babilônia (atual Cairo) capitulou, assim como Alexandria, de modo que, no fim de 642, todo o baixo Egito pertencia aos conquistadores, cujo chefe se instalou acima do delta do rio, perto da antiga fortaleza bizantina, em uma cidade-acampamento que recebeu o nome de al-Fustat (do grego fossaton, "acampamento").

Rapidamente as tropas árabes quiseram tirar proveito da vitória continuando a marcha para o oeste. 'Amr estava entrando em Barka, na Tripolitânia, quando foi chamado e demitido. Foi substituído por seu sobrinho 'Ukba, que, em 647, penetrou na África do Norte, onde a dominação bizantina era fraca, e venceu, em Suffetula ou Sbeitla, o exército do exarco Gregório, que acabava de se proclamar imperador e que foi morto no combate. As operações, interrompidas durante as agitações que se seguiram ao assassinato do califa 'Uthmân, foram retomadas por volta de 665. Então 'Ukba fundou na África uma cidade-acampamento que ganhou o nome de al-Kayrawan (Kairouan) e que serviria de ponto de partida para as expedições ulteriores. Dali, 'Ukba pôde lançar ataques que atingiram a costa atlântica; foi a famosa "corrida ao oceano", que teve como primeiro resultado provocar uma revolta entre as populações berberes do Magrebe. Como naquele momento o governo central não tinha como reagir, a África do Norte foi praticamente evacuada. Mas, a partir de 688, o novo

34 | DOMINIQUE SOURDEL

califa, 'Abd al-Malik, organizou expedições que permitiram a progressiva reocupação e pacificação do Magrebe. Os últimos núcleos bizantinos de resistência foram eliminados, e, em torno de 709, apesar da revolta comandada por uma mulher, chamada al-Kâhina, "a pitonisa", nas montanhas do Aurès, o interior do país ficou definitivamente sob a dominação árabe.

6. A Península Ibérica

Nessa época, os berberes tinham deixado de se opor aos conquistadores e começado até mesmo a participar da administração da nova província muçulmana na África. O governador árabe, Mûsâ ibn Nusayr, escolhera como tenente um chefe berbere, de nome Târik ibn Ziyâd. Esse personagem, desde 711, decidiu invadir, à frente de uma tropa de berberes islamizados, o território ibérico onde o regime visigótico estava fragilizado. Tendo atracado na baía de Algeciras, perto do promontório rochoso que tomaria seu nome, Djabal Tarik (ou Gibraltar), venceu o rei Rodrigo, que acabava de subir ao trono, e ocupou sucessivamente Sevilha, Córdoba e Toledo, antes de prosseguir para o norte. Em junho de 712, Mûsâ, ao tomar conhecimento dessas vitórias fulgurantes, apressou-se em juntar-se a Târik com um contingente maior, composto tanto de árabes como de berberes. Tornando-se senhor do planalto da Extremadura, onde algumas cidades tinham tentado resistir, em setembro de 713, arrasou o restante do exército visigodo em Salamanca e se instalou em Toledo, onde cunhou moedas, consagrando a anexação da Espanha ao Império Islâmico. Dirigiu-se em seguida para o norte, perseguindo antigos

HISTÓRIA DO POVO ÁRABE | 35

partidários do rei Rodrigo, mas foi chamado pelo califa, que lhe pedia contas de sua gestão. Seu filho e sucessor concluiu a ocupação da península, estabelecendo a dominação muçulmana sobre o atual Portugal, bem como sobre a Andalusia Oriental. Abandonando a região das Astúrias, onde estavam entrincheirados os últimos visigodos, os conquistadores logo atravessaram os Pireneus e, a partir de 714, fizeram incursões no Languedoc e no Roussillon. Depois de tomar Carcassone e Nîmes, subiram o vale do Rhône e atingiram Lyon e Autun, em 725. Outra coluna avançou para a Gasconha, comandada pelo emir 'Abd al-Rahmân, que tomou Bordeaux mas, em 732, chocou-se ao norte de Poitiers com o exército de Carlos Martel, que obrigou os muçulmanos a bater em retirada. Em 737, os invasores também foram derrotados ao sul de Narbonne, e tiveram que abandonar o Languedoc.

7. Árabes e populações conquistadas

Assim, em meados do século XIII, os árabes tinham conquistado imensos territórios, que se estendiam do oceano Atlântico aos desertos do Turquestão. As populações primitivas permaneceram em todos esses países, e se em certas regiões, como Espanha e Síria, principalmente, as classes dirigentes fugiram, em outros lugares, como no Irã, os grandes proprietários continuaram a apoiar a população e conservavam localmente uma autoridade considerável. Portanto, no império conquistado, os árabes estavam em minoria do ponto de vista numérico. Além disso, tinham encontrado populações muito diferentes: semitas na Síria e na Mesopotâmia, onde se falava o arameu; indo-europeus no Irã, onde a língua era o pálavi; coptas no Egito; berberes na África do Norte; ibéricos miscigenados com alguns elementos germânicos na Espanha, onde se falava sobretudo o latim. Os povos conquistados, além de pertencerem a grupos étnicos e linguísticos diferentes, praticavam religiões diversas: o cristianismo, que reinava em todas as antigas províncias do Império Bizantino, bem como o zoroastrismo e o maniqueísmo no Irã, o budismo em certas regiões do Extremo Oriente e o judaísmo em vários lugares. Assim, o fenômeno das conquistas acarretava forçosamente problemas complexos. Iriam as populações conquistadas adotar a língua árabe e a religião islâmica? Árabes e não árabes iriam misturar-se ou ficar lado a lado? Muçulmanos de diversas origens e convertidos há mais ou menos tempo deveriam ser tratados igualmente, submetidos ao mesmo regime fiscal, gozando dos mesmos direitos, ou subsistiria uma discriminação entre eles? Tantas questões dominariam, durante séculos, a evolução política, social e cultural do recém-estabelecido Império Árabe-islâmico.

Capítulo III
O Império Árabe
(séculos VII e VIII)

Durante o período que se estendeu da conquista até a metade do século VIII, os árabes, no controle do imenso Império que tinham conseguido criar, praticaram, junto aos autóctones arabizados e convertidos, uma política moderada de assimilação. Pode-se falar de um "Império Árabe" cuja história foi, ao mesmo tempo, a das lutas de influências entre os chefes da nobreza árabe e a das relações que opunham árabes e não árabes. À fase de transformações rápidas mas hesitantes que marcou a época dos quatro primeiros califas (632-660) sucedeu a política árabe-síria de uma família particularmente célebre, a dos Banu Omayya, ou omíadas (660-750).

1. As primeiras lutas de clãs

No primeiro instante, a morte de seu profeta, em Medina, em 632, sem herdeiro nomeado, esteve a ponto de comprometer o futuro da nova comunidade islâmica. Fez reaparecerem não apenas as antigas rivalidades de clãs, mas também aquelas provocadas pela hierarquia introduzida pouco a pouco entre os Companheiros, implicando o nascimento de duas facções que reivindicaram a honra e o direito de conferir o poder a um dos seus. Daí um clima de discussões e de manobras ocultas, segundo a melhor tradição das antigas assembleias árabes, que permitiu aos mequenses fazer proclamar Abû Bakr, sogro de Maomé, cuja autoridade os próprios medinenses admitiram pouco depois. Foi o primeiro *kahlîfa* ou "califa", isto é, substituto e sucessor do Enviado de Deus, cuja função e cujo papel não podiam ser concebidos de modo preciso naquele momento. Contentar-se-ia o califa em dirigir o novo estado aplicando as regras ditadas pelo Corão e estabelecidas pelo profeta, ou definiria outras, arvorando-se em verdadeiro continuador de Maomé? Não se saberia dizer. Mas é fácil perceber que, a partir desse momento, a eliminação, pelos partidários de Abû Bakr, de 'Ali, o primo de Maomé, de quem se tornou genro por ter-lhe desposado a filha Fátima, anunciava perturbações ulteriores mais graves. Mas convém lembrar que essas primeiras lutas pelo poder se realizavam no interior do grupo restrito dos Companheiros diretos do Profeta, e não parecem ter abalado muito a organização ainda embrionária de um estado cujos problemas iam surgir com o aumento das conquistas.

Antes de morrer, depois de dois anos de uma atuação coroada de sucessos, Abû Bakr recomendara aos crentes que proclamassem califa a 'Umar, um outro antigo companheiro do Profeta, que dirigiu o estado medinense por dez anos e foi um ativo artesão da expansão guerreira islâmica. Seguindo de perto o desenrolar das expedições, dando instruções precisas aos chefes dos exércitos, ele lançou também as bases de uma verdadeira organização militar e atribuiu pensões aos combatentes para compensar a diminuição ou a perda do butim à medida que diminuía o ritmo de progressão das tropas. Os árabes foram, assim, distribuídos em circunscrições chamadas *djund*, principalmente na Síria, e inscritos nos registros. Ao mesmo tempo, a manutenção do pessoal não árabe em seus cargos nos antigos escritórios marcava o nascimento da estrutura administrativa, chamada *dîwân*, que iria ocupar no Império um lugar considerável.

No fim de dez anos de tal reinado, 'Umar, que tinha sido o primeiro a se fazer qualificar como "emir dos crentes" (*amîr al-mu'minîn*), desde então o título do califa por excelência, foi assassinado por um escravo. Entretanto teve tempo de prescrever a escolha de seu sucessor por eleição, feita entre os seis membros de um conselho, iniciativa que fez vir à tona a oposição, até então latente, entre os partidários de 'Ali e os de outros Companheiros. Na realidade, dos seis personagens, todos árabes *quraishita*, que constituíam o conselho, dois sobretudo pretendiam o califado: 'Ali, que alguns diziam ter sido arbitrariamente descartado do poder após a morte do Profeta, e que era apoiado principalmente pelos antigos medinenses, e 'Uthmân, outro genro do Profeta, que pertencia à rica família dos Banû Umayya e, portanto, representava o partido mequense. Um e outro encarnavam duas concepções de governo da comunidade: 'Ali queria que as prescrições corânicas fossem estritamente observadas e que os combatentes recebessem integralmente sua parte do butim; 'Uthmân, ao contrário, pretendia seguir o caminho traçado por seus predecessores: se necessário, tomar medidas autoritárias em matéria penal e dar prioridade aos problemas de organização, em detrimento dos direitos individuais dos crentes. 'Ali não foi escolhido, sem dúvida por ter se recusado a seguir a política já adotada pelos dois primeiros califas, e 'Uthmân tornou-se emir dos crentes.

As discussões e lutas internas ganharam então uma nova dimensão, e o reinado de 'Uthmân, calmo durante os primeiros anos, foi marcado pelas manifestações de crescente descontentamento, devido em parte à diminuição das invasões a que os árabes estavam habituados. Os recursos dos combatentes, praticamente reduzidos a suas pensões, minguaram. Por sua vez o califa, que recolhia um imposto fundiário dos ocupantes de terras conquistadas, tinha começado a constituir um tesouro público que não beneficiava o exército. Além disso, confiara os principais postos do governo aos membros de sua família, que ele considerava os mais competentes em matéria administrativa. O governo se encontrava assim nas mãos da antiga aristocracia de Meca, que se aliara tardiamente a Maomé, enquanto os "primeiros convertidos", entre os quais se encontrava 'Ali, se sentiam cada vez mais excluídos. Houve revoltas em certas províncias, um grupo de descontentes tomou Medina e atacou o califa, que foi morto em sua própria casa (junho de 656).

Tal morte violenta foi um acontecimento de gravidade excepcional, devido ao resultado de uma revolta declarada, mais ou menos favorecida por 'Ali, e à qual se podia dar uma significação religiosa: 'Uthmân era acusado de ter alterado a doutrina de Maomé e, até, de ter mandado fazer uma recensão oficial do Corão, e suprimido os versículos que provavam o valor eminente dos membros da "família do Profeta". Foi assim que se aprofundou a cisão que, com a morte de Maomé, tinha começado a afetar a vida da comunidade islâmica, ao mesmo tempo que os conhecidos conflitos da antiga história árabe se fortaleciam. 'Ali, proclamado califa, encontrou imediatamente forte oposição estimulada por 'Â'isha, viúva do Profeta e filha de 'Abû Bakr, que quis reunir em torno de si chefes célebres como Talha e al-Zubayr. Indo ao encontro desses adversários, 'Ali venceu sua pequena tropa perto de Basra em 656, na escaramuça chamada "batalha do camelo", por causa da presença de 'Â'isha em seu palanquim. Prejudicado na opinião pública pelos resultados dessa luta fratricida que causara a morte de muitos Companheiros célebres, ele se instalou então no Iraque, em Kufa, mas os parentes de 'Uthmân decidiram, conforme os usos árabes legitimados pelo Corão, vingar o morto perseguindo seus assassinos, dever que coube ao governador da Síria, Mu'âwiya.

Os árabes do Iraque opuseram-se aos da Síria, e o confronto ocorreu na margem direita do Alto Eufrates, em Siffin, em julho de 657. As tropas de Mu'âwiya pareceram ceder quando ele mandou brandir na ponta das lanças exemplares do Corão, significando com isso que pedia uma arbitragem, com base no texto corânico, para decidir se 'Uthmân tinha sido morto injustamente ou não. Em consequência, 'Ali, moralmente obrigado a aceitar a proposta, submeteu-se ao julgamento de dois árbitros que representavam as partes em presença; e uma conferência realizada seis meses mais tarde em 'Adhruh, na Transjordânia, justificou 'Uthmân e declarou 'Ali, senão destituído, pelo menos culpado. De volta ao Iraque, onde havia perdido o apoio de alguns partidários, 'Ali teve de enfrentar

42 | DOMINIQUE SOURDEL

a revolta dos que tinham condenado o princípio da arbitragem humana, os quais receberam, em consequência, o nome de carijitas, ou "revoltados". Tentou dominá-los pelas armas, mas foi afinal assassinado por um deles, à porta da mesquita de Kufa, em janeiro de 661.

Nessa época, Mu'âwiya, que estendera sua autoridade sobre a Arábia, bem como sobre o Egito, para onde tinha enviado seu companheiro 'Amr, já se tinha feito proclamar califa em Jerusalém, em julho de 660. Para proveito seu e do antigo clã de Meca dirigente, terminava a primeira série de lutas tribais árabes, mescladas de opções religiosas, entre as quais se tinha formado um estado muçulmano capaz de dominar o conjunto das novas conquistas. Árabes que cresceram antes do islã tinham representado um papel primordial. Cabia à geração seguinte resolver, por sua vez, os incessantes problemas de doutrina e de governo.

2. A instauração do regime omíada e o reinado de Mu'âwiya

A tomada do poder pelo antigo governador da Síria teve como resultado a constituição de um estado árabe-sírio que assumiu o destino da comunidade islâmica por quase um século. O primeiro cuidado de seu fundador, membro de uma família árabe quraishita, há muito tempo na direção dos negócios, foi assentar as bases de uma dinastia enraizada no país onde ele próprio se estabeleceu depois da época das conquistas. No propósito de dispor livremente de sua sucessão, mas aparentando observar o costume consagrado, o do juramento de obediência (bay'a),

HISTÓRIA DO POVO ÁRABE | 43

-se em designar como herdeiro seu próprio filho
gindo que os notáveis lhe prestassem obediência;
espécie de eleição antecipada (678). A decisão de
iya foi renovada muitas vezes, e, quando o poder não
ficar em mãos de seus descendentes diretos — pois seu
o Mu'âwiya II, que reinou apenas alguns meses (683-684),
morreu sem deixar herdeiro —, transferiu-se para o seu primo
Marwân, cujo primeiro ato foi nomear o próprio filho, 'Abd al-
Malik. Assim, o ramo marwanida da família omíada sucedeu
ao ramo dito sufianida (Mu'âwiya era filho de Abû Sufyân), e o
princípio dinástico foi estabelecido de fato.

Este novo estado dinástico, que assegurava portanto a
prioridade de uma tribo árabe sobre as outras, tal como ocor-
ria antes do islã, parece não ter sido tão autocrático como o
qualificaram os historiadores muçulmanos. Para governar, o
califa precisava da aprovação, senão da assistência, dos chefes das grandes famílias árabes, que eram chamados de "os
nobres" (al-ashraf) e se reuniam em assembleias dotadas de
reais poderes, sobretudo para resolver questões de sucessão.
Além disso, esse estado árabe não se apoiava somente nos
chefes de clã, mas também nos guerreiros árabes, uma parte
dos quais estava instalada na Síria. O próprio califa, ao estabelecer sua capital administrativa em Damasco, tinha feito
dessa província o lugar escolhido da "colonização" árabe e
incentivado para que lá se fixassem contingentes importantes
repartidos entre cinco djund inspirados em themas bizantinos,
os de Kinnasrîn, perto de Alepo, de Hims, de Damasco, da
Jordânia e da Palestina. Aos combatentes, sempre dispostos
à mobilidade, tinham sido feitas concessões de bens de raiz

provenientes de antigas propriedades abandonadas |
donos. Como não entendiam de cultivo, confiavam esse t.
balho aos autóctones, mas recebiam os rendimentos de suas
terras depois de pagar ao Tesouro o dízimo correspondente à
contribuição legal prevista pelo Corão. Eles mesmos viviam
nas grandes cidades ou nos campos estabelecidos perto delas,
como Djabiya, próximo a Damasco.

A fragilidade do sistema devia-se ao fato de a distribuição
dos guerreiros nos *djunds* ser feita em função de antigas afini-
dades tribais que se afirmavam quando eram transpostos para
um meio diferente. Na Síria como na Arábia, os árabes continuavam divididos por fortes rivalidades em dois grandes grupos, o dos kalb, representando os árabes do sul, e o dos kays,
representando os árabes do norte. Os dois grupos tinham
tradições um pouco diferentes, que os levavam a assumir posições políticas ou religiosas precisas. Nos primeiros tempos,
constata-se que Mu'âwiya se apoiou de preferência nos kalb,
que, por estarem há muito tempo infiltrados na Síria, esta-
riam psicologicamente mais próximos da população local. Os
kays, em compensação, mostravam-se naturalmente hostis à
dominação omíada, e o manifestaram sobretudo por ocasião
da proclamação de Marwân I, forçando-o a marchar contra
eles na batalha de Mardj Rahit, em 684.

Essa situação específica só existia na Síria, sede do estado
omíada, e província mais arabizada que as outras. Em outros
lugares, a situação dos conquistadores variava, segundo as condições nas quais se efetuara sua instalação. Os árabes, contu-
do, tinham tendência a ficar acantonados, em função de suas
tribos de origem, em cidades-acampamento recém-criadas e

HISTÓRIA DO POVO ÁRABE | 45

bairros separados, em torno dos quais vieram se insta-
os primeiros autóctones convertidos. No Iraque, a ca-
ıl sassânida de Ctesifonte, pilhada durante a conquista,
progressivamente abandonada em proveito da cidade de
a, rapidamente transformada, exatamente como Basra,
importante metrópole guarnecida de monumentos tipi-
ente islâmicos. No Irã, as colônias militares devem ter
instaladas mais perto das grandes cidades, que foram
cuadas e reocupadas durante a "guerra civil" e onde se
stituíram novas aglomerações, acrescentando um subúr-
à primitiva cidade.
Mas, embora vivessem sobretudo nas cidades recebendo as
sões que lhes outorgava o califado, em certas províncias
rabes também dispunham dos rendimentos das proprie-
es rurais de que se tinham apropriado, enquanto no Irã as
as cultivadas permaneciam nas mãos da aristocracia local.
etanto, desempenhando em todo o Império o papel de
gentes militares que lhes estava reservado, e que ostenta-
ı com orgulho, permaneceriam os artífices do movimento
conquistas que Mu'âwiya perseguia, no leste, no oeste, e
ıbém ao norte, na direção de Constantinopla.
Para as tarefas de governo, acontecia-lhes, ao contrário,
eitar personagens de origem obscura. Assim foi com o fa-
oso Ziyâd, que Mu'âwiya transformou em irmão adotivo e a
ıem confiou a responsabilidade, tão delicada, do Iraque e
as províncias orientais. Isso mostrou que, se o califa tinha
m conta a opinião dos "nobres" árabes, nem sempre confia-
ʒa neles para missões importantes. Quanto à administração
central propriamente dita, ficava praticamente confiada aos

antigos funcionários do Império Bizantino, que dela tinham o controle, e cuja utilidade Mu'âwiya compreendera bem cedo, dando-se conta de que não podia governar os territórios conquistados sem a ajuda de autóctones afeitos a essa tarefa, utilizando assim os serviços de notáveis de Damasco, como Sardjun, o avô de João Damasceno. O mesmo sistema tinha prevalecido nos territórios antigamente sassânidas, onde a administração financeira continuava lutando pelo aumento dos impostos a partir de registros redigidos em pálavi. Outrossim, esses administradores não árabes, e, mais frequentemente, não muçulmanos, tinham por tarefa, sobretudo, submeter a uma fiscalização exigente as populações cujo estatuto variava segundo as modalidades de sua submissão e os tratados, mais ou menos vantajosos, concluídos com os representantes de suas diversas comunidades. Nas regiões em que não tinha havido tratado, como no Iraque, os habitantes do campo pagavam um imposto global comparável ao que pagavam antes da conquista; mas, de qualquer modo, um regime fiscal diferente daquele dos muçulmanos sujeitos apenas ao zakat[3] marcava, em cada caso, a profunda separação que havia entre os conquistadores e os "contribuintes" mantidos à parte, em posição inferior.

As tensões existentes entre essas duas categorias de população, atendidas de modo desigual, bem como as divisões que opunham entre si os próprios conquistadores, não impediram

---

[3] Um dos pilares do islã. Seu pagamento é anual e obrigatório a todos os muçulmanos. (N. da R.)

HISTÓRIA DO POVO ÁRABE | 47

Mu'âwiya — graças à sua habilidade e a seu prestígio pessoal — de manter a paz no imenso Império que governava e onde seu regime jamais encontrou graves dificuldades. Uma única revolta xiita, a de Hudjr ibn 'Adi, foi registrada nessa época. Mas a situação mudou sob o reinado seguinte, o de Yazîd, que sucedeu a seu pai em 680. Alguns árabes manifestaram então um descontentamento antes dissimulado, e os partidários de 'Ali, reunidos em Kufa, acreditaram que a ocasião era boa para passar à ação: convidaram al-Husayn, segundo filho de 'Ali, para reunir-se a eles. Em outubro de 680, depois de diversas negociações complicadas, o pretendente xiita, acompanhado de uma escolta frágil, chocou-se com as forças do governador omíada no Iraque, perto da cidadezinha de Karbala, e encontrou a morte nessa escaramuça. O acontecimento teve enorme repercussão e provocou a ruptura definitiva entre os dois grupos da comunidade muçulmana que se tinham separado no dia seguinte à morte de Maomé: confirmou a violência das oposições partidárias, de conteúdo ao mesmo tempo religioso e doutrinal, que originou um movimento ideológico que logo se estendeu para além dos árabes, ao mundo islâmico inteiro.

A morte de al-Husayn foi o sinal para diversas revoltas, notadamente aquela conduzida na Arábia por 'Abd Allah ibn al-Zubayr, filho do Companheiro do profeta que recentemente pegara em armas contra 'Ali. Ibn al-Zubayr declarou destituído o jovem califa omíada Yazîd, e após o fracasso de um ataque dos árabes sírios proclamou-se califa. Na mesma época, os movimentos carijitas se manifestaram no Iraque e na Arábia; enquanto os extremistas azrakitas operavam na região de

Basra, outros, os Nadjadât, excitavam a revolta na Arábia Central, onde, por um momento, foram aliados a Ibn al-Zubayr. Enfim, partidários de 'Ali, que não tinham seguido al-Husayn, organizaram uma rebelião no Iraque, em nome do terceiro filho do primo de Maomé, nascido de outra mulher que não Fátima — e, por essa razão, chamado Muhammad ibn al-Hanafiyya. Tal sublevação foi encabeçada por um certo Mukhtâr, que se arvorava em vingador do sangue derramado em Karbala e defensor dos direitos da "família do Profeta" (da qual se considerava representante, a despeito da origem de sua mãe), ao mesmo tempo que tomava o partido dos fracos. Mukhtâr tinha agrupado em torno de si os árabes descendentes de "auxiliares" medinenses que o poder omíada conservava à parte e, supostamente, de conversos arameus e iranianos. Mas foi rapidamente derrotado e morto, em 687, pelo irmão de Ibn al-Zubayr, que então dominava o Iraque, enquanto o próprio Muhammad ibn al-Hanafiyya o condenava por suas doutrinas um tanto ou quanto heterodoxas. A seita que ele dirigia não subsistiu; e seus partidários, que, subdivididos, aderiam todos a ideias messiânicas, contribuíram para minar o regime estabelecido.

3. A época de 'Abd al-Malik

Enquanto rebeliões estouravam por toda parte, a divisão e o desânimo reinavam no seio do clã governamental omíada. A Yazîd, prematuramente desaparecido, sucedeu o fraco Mu'âwiya II, cuja morte desencadeou grave crise do poder. Foram necessárias numerosas negociações para que as grandes

HISTÓRIA DO POVO ÁRABE | 49

famílias árabes reconhecessem como califa o omíada Marwân, que pertencia a um ramo colateral, e cujo sucessor e filho, 'Abd al-Malik, foi o verdadeiro restaurador da unidade política no Império.

Depois de algumas ações infrutíferas, 'Abd al-Malik conseguiu triunfar sobre 'Ibn al-Zubayr, morto em 692, durante o cerco de Meca pelas tropas omíadas comandadas por al-Hadjdjâdj. No mesmo ano, tornou-se senhor do irmão de 'Ibn al-Zubayr, instalado no Iraque, e desde então impôs sua autoridade às regiões vitais do Império. Não precisou continuar a utilizar, no Iraque, os serviços do enérgico al-Hadjdjâdj, que reprimiu impiedosamente todas as veleidades de revolta, construindo nessa província uma nova cidade, Wasit, que foi provida de uma guarnição de árabes sírios para vigiar as turbulentas Basra e Kufa.

Mas a obra mais importante na administração de 'Abd al-Malik foi, sem dúvida, a arabização do Império. Até então os registros dos escritórios fiscais tinham sido redigidos em línguas dos não muçulmanos admitidos no serviço do estado árabe para assegurar o funcionamento de sua fiscalização. No fim do século VII, pôde-se passar a uma outra etapa e fazer da língua do Corão, por iniciativa precisa do califa, a língua oficial do estado. A transformação não se fez bruscamente; pode-se constatar que o grego e o pálavi desapareceram pouco a pouco dos documentos administrativos. A arabização foi igualmente aplicada às moedas, cuja cunhagem era então um privilégio de califa e só era feita em determinados centros. As peças islâmicas executadas à imitação das peças bizantinas ou sassânidas já eram marcadas por alguns signos em caracteres árabes

50 | DOMINIQUE SOURDEL

acrescentados à sua efígie para distingui-las de seus modelos, dos quais diferiam igualmente por alguns outros detalhes. Mas eram modificações menores. Ao contrário, 'Abd al-Malik, ao mesmo tempo em que fixava o peso das novas peças de ouro chamadas *dînar* (do grego *dênarion*), as fez cunhar com um tipo inteiramente novo, desprovidas de efígie e trazendo, unicamente em árabe, legendas que compreendiam a profissão de fé muçulmana, bem como a indicação da data e do lugar. Essa medida, que chegou progressivamente à substituição das peças antigas, consagrava a independência das instituições califianas e a primazia da língua árabe no Império.

O mundo árabe-islâmico deveu a 'Abd al-Malik seu primeiro edifício de prestígio — a cúpula do Rochedo em Jerusalém, erigido em 691 (depois de ter sido começado em 685) como um relicário, abrigando uma rocha que os judeus consideravam sagrada e os muçulmanos ligavam ao episódio da ascensão noturna do Profeta. O edifício, claramente bizantino em sua estrutura, era decorado interiormente de mosaicos da mesma inspiração, mas comportava apenas composições florais estilizadas e inscrições que glorificavam a nova fé. Era, portanto, um monumento que, ocupando um lugar santo do judaísmo — a antiga esplanada do Templo —, rivalizava com as construções cristãs circundantes.

Veio em seguida o neto e sucessor de 'Abd al-Malik, al-Walîd, que reinou de 705 a 715, e foi também um soberano enérgico, conhecido sobretudo por suas atividades de construtor. No seu reinado foram edificadas as primeiras mesquitas monumentais, destinadas a receber, para a prece ritual da sexta-feira, a totalidade da população masculina de

HISTÓRIA DO POVO ÁRABE | 51

uma cidade, prosternando-se em fileiras cerradas na direção de Meca. Enquanto era reconstruída a primeira mesquita de Medina, sobre a qual não se tem dados arqueológicos precisos, novas "grandes mesquitas" foram edificadas nas cidades da Síria, principalmente em Damasco, no lugar da catedral anteriormente demolida, em Alepo, na praça pública; e em Jerusalém, onde se construiu, perto da cúpula do Rochedo, a mesquita chamada Masdjid al-Aqsa (de uma expressão corânica que tradicionalmente designa Jerusalém), talvez iniciada com 'Abd al-Malik. Para essas grandes mesquitas, que permitiam ao chefe da comunidade, o califa, ou a seu representante, dirigir-se à multidão de crentes cuja prece conduzia, foi adotado um tipo novo de monumento, comparável ao da "basílica" greco-romana, destacando a nave central, onde aparecia o chefe da assembleia, ou imã. Na mesma época se multiplicavam palácios e castelos; desses, os que estavam situados nas grandes cidades praticamente desapareceram, enquanto os que foram construídos nas residências do deserto sírio ou nas cidades novas, como 'Ayn al-Djarr, foram parcialmente conservados. Eles atestam, ainda hoje, a qualidade de uma arquitetura civil, também ela dependente da arte local anterior, mas usando novos recursos, que correspondiam ao gênero de vida de seus ocupantes árabe-muçulmanos.

4. O declínio do regime omíada

Entretanto, à medida que as conversões continuavam, dificuldades sociais cada vez mais agudas surgiam no seio do regime. Os novos convertidos, geralmente ligados por um laço de clientela às tribos árabes, e chamados *mawâli* (clientes), desempenhavam um papel cada vez mais importante entre os conquistadores e os súditos não muçulmanos. Muitos deles tinham instrução elevada, o que lhes permitia ocupar cargos na administração; outros tentavam alistar-se nos exércitos, nas regiões onde continuava o movimento de conquista; mas ambos se queixavam de não serem tratados como os antigos muçulmanos. A esse descontentamento latente juntaram-se, nos campos, queixas mais precisas. Os convertidos tinham desejado uma diminuição de suas responsabilidades fiscais, que os governadores recusavam dar-lhes para não diminuir os recursos do Tesouro. O resultado foi que, no início do século VIII, os "clientes" abandonaram as terras que cultivavam para virem se instalar nas cidades.

Com o problema fiscal apresentando-se em toda a sua agudeza e, mais amplamente, o problema de assimilação dos *mawâli* na nova sociedade muçulmana, duas tendências predominaram sucessivamente na política dos califas e na opinião dos que os cercavam. Uma, preocupada sobretudo com a expansão territorial do islã e a manutenção da ordem estabelecida, negligenciava as queixas dos "clientes"; foi ela que prevaleceu junto aos últimos soberanos omíadas, sustentados principalmente pelos árabes do grupo kaysita. A outra, ao contrário, era favorável à suspensão das conquistas e à constituição de uma sociedade em que conquistadores e convertidos fossem tratados com igualdade; era a linha de conduta preconizada pelo grupo dos kalb, árabes do sul, e adotada por 'Umar II, califa que reinou de 717 a 720 e que se muniu de uma famosa ordenança que, em princípio, estabelecia igualdade fiscal entre árabes e não árabes, avalizando também o êxodo dos *mawâli*.

HISTÓRIA DO POVO ÁRABE | 53

Os princípios de 'Umar II não prevaleceram, e emergiu uma nova concepção segundo a qual o imposto fundiário permanecia ligado à terra, qualquer que fosse a religião dos que a ocupavam, enquanto o muçulmano pagava somente um imposto suplementar de captação. Ao imposto fundiário foi pouco a pouco reservado o nome *kharâdji*, de valor geral na origem; e ao segundo imposto, o de *djizya*. Aliás, Hishâm (724-743) voltou à política dos primeiros marwanidas, esforçando-se para manter o equilíbrio entre kalb e kays, restabelecer a ordem nas províncias e reprimir os movimentos ideológicos que ameaçavam minar a autoridade do califa. Deu-se em seguida a desagregação do regime: os califas se sucediam, às vezes destronados por membros da própria família. Em 744, Yazîd III, ligado à doutrina kadarita, que considerava cada homem — e o próprio califa — plenamente responsável por seus atos, tentou por sua vez uma política de assimilação dos *mawâli* e prometeu, por exemplo, a igualdade dos soldados no exército; ele não teve tempo de pôr seus projetos em execução. À sua morte, um primo de seu pai, Marwân II, foi proclamado califa e tentou restaurar a autoridade de califas. Estabeleu sua capital em Harran, na Alta Mesopotâmia, e, apoiando-se nos kays, foi um soberano experiente e enérgico; mas não pôde enfrentar as rebeliões que se multiplicavam nas diversas regiões do Império. Assim que conseguiu tomar (747) a cidade de Kufa aos carijitas, que a ocupavam havia dois anos, ele se viu às voltas com uma rebelião de amplitude sem precedentes, a dos abássidas.

Esses descendentes do tio do profeta do islã, al-'Abbâs, pretendiam, por causa desse parentesco, ter mais direito ao califado que os membros da família omíada, mas estavam, em princípio, ligados ao regime. Fazendo uma oposição disfarçada, assumiram a herança do movimento que tinha defendido os direitos de Muhammad ibn al-Hanafiyya e, no início do século VIII, de seu retiro na Transjordânia, enviaram emissários e propagandistas ao Iraque e ao Irã Oriental. Depois de muitas vicissitudes, um deles, um liberto de origem iraniana chamado Abû Muslin, explorou o descontentamento reinante nas províncias orientais, onde se fazia sentir, mais que em outros lugares, uma oposição local das populações islamizadas e onde a política omíada era fortemente criticada nos próprios meios árabes. Conseguiu, em poucos meses, agrupar um grande número de partidários iranianos e árabes sob a bandeira negra, emblema das esperanças messiânicas do Irã. Em nome de um representante revelado da "família de Maomé", lançou seu apelo, o que lhe permitiu ser sustentado pelos adeptos do xiismo; e até a vitória final continuava a pairar dúvida sobre a pessoa do beneficiário da insurreição. Em 747, Abû Muslim passou à ação, tomando Merv, depois o Khorasan inteiro, com a ajuda de um chefe árabe de nome Kutayba. No início de 749 o Irã estava inteiramente ocupado, o caminho para o Iraque aberto, e, em setembro, Kufa estava tomada. Depois de alguns dias de mistério, a personalidade do imã abácida foi desvelada: tratava-se de Abû l-'Abbâs, que recebeu o apelido de al-Saffâh, e instalou o novo governo no Iraque, enquanto seus exércitos continuavam o combate contra o califa omíada. Este, vencido na Alta Mesopotâmia (batalha do grande Zab, janeiro de 750), fugiu para o Egito, onde encontrou a morte; já os principais membros da família

História do povo árabe | 55

omíada foram vítimas de uma emboscada na Palestina, tendo sido assassinados (junho de 750).

Assim desapareceu uma dinastia que se esforçou para governar o mundo heterogêneo das conquistas com a ajuda de quadros essencialmente árabes, só apelando aos convertidos ou aos autóctones não muçulmanos dentro de limites bem restritos, e escolhendo sempre, nesse caso, *mawâli* sírios. Seu erro foi, de um lado, não ter sabido enfrentar o problema da assimilação de novos muçulmanos; de outro, ter negligenciado o papel econômico do Iraque e do Irã.

Capítulo IV
Os Árabes no Oriente do Século VIII ao XI

1. A nova dinastia

A dinastia abássida, que em 750 fundou al-Saffâh e que devia se perpetuar até 1260 em Bagdá, era, também, uma dinastia árabe que tinha como ancestral um dos mais próximos parentes de Maomé. Por essa razão os abássidas tomaram o poder, arvorando-se em defensores de uma certa forma de legitimidade familiar e religiosa, sem com isso seguir as ideias, às vezes heterodoxas, professadas por seus partidários adeptos do xiismo. Uma vez no trono, longe de reivindicar alguma qualidade messiânica ou carismática, fundaram sua autoridade no princípio sunita da livre escolha do califa pela comunidade, princípio já adaptado às novas circunstâncias e que permitia uma designação do herdeiro pelo soberano reinante. Chegado o momento, os representantes das classes dirigentes confirmavam seu acordo e prestavam juramento de obediência, seguidos depois pela população da capital, atraindo assim toda a comunidade, que, desde então, devia ao califa uma obediência quase incondicional. Ele mesmo se considerava, por sua vez, investido do poder por Deus, com a obrigação de governar conforme as prescrições corânicas.

Observando, pois, uma atitude política que pouco diferia daquela dos omíadas que tinham banido, mas se prevalecendo, em razão de sua ascendência, de direitos peculiares ao exercício do poder e se considerando — como indicam as alcunhas de reinado (al-Mansûr = aquele a quem Deus deu a vitória) — beneficiários de uma assistência divina, os califas abássidas viram, sob sua dominação, o antigo "Império Árabe" transformar-se sob o efeito de causas complexas, e agiram de forma diferente à medida que a situação social evoluía. Mas seu acesso ao trono tinha sido marcado pelo deslocamento do centro de gravidade do Império, tornado mais asiático que mediterrâneo; instalaram-se no Iraque, logo depois de sua vitória, e foi lá que o segundo califa al-Mansûr construiu, em 762, a cidade de Bagdá, "a cidade da salvação", que teve um desenvolvimento extraordinário, somente interrompido durante o curto período em que os califas residiram em Samarra (836-892).

Esse desenvolvimento correspondeu ao progresso econômico de um Império que estabelecia o elo entre a Ásia Central e o Extremo Oriente, de um lado, e a Europa Oriental e a Ocidental, do outro. Foi também acompanhado por um florescimento intelectual e literário que fez dessa época, se não uma idade de ouro, pelo menos uma idade em que a civilização árabe-islâmica fixou seus traços dominantes e determinou componentes que, na sequência, evoluiriam diferentemente segundo as regiões.

Dois reinados, particularmente, merecem ser mencionados aqui: primeiro, o de Harun al-Rashîd (786-809), que, rodeado de seus fiéis ministros, os barmakidas, de quem se

HISTÓRIA DO POVO ÁRABE | 59

desembaraçou brutalmente ao fim de dezessete anos, deixou uma reputação, talvez injusta, de soberano autocrata e inquieto, que levava uma vida de luxo em suntuosos palácios; depois, o de al-Ma'mûn (813-833), que foi o primeiro a estimular a tradução de obras filosóficas gregas e a sustentar a escola de teologia racionalizante que representava o *mu'tasilismo*; também concebeu o audacioso projeto de deixar o califado a um descendente de 'Ali, projeto que, longe de congregar os espíritos, como ele certamente esperava, fez reviverem dissensões político-religiosas. Esses dois soberanos de um estado menos profundamente árabe que o Império omíada merecem ser considerados, por sua personalidade, sua cultura e sua situação de "califas" de um Império árabe-islâmico em plena vitalidade, os representantes da *"arabicidade"* cujo triunfo se confundia totalmente com o da religião e da civilização islâmicas.

2. Declínio do poder do califa e
desmembramento do Império

A partir de meados do século IX, a autoridade dos califas abássidas, que jamais tinha repousado em bases verdadeiramente estáveis, começou a conhecer o declínio. Um dos fatores que contribuíram para isso foi a constituição, no início desse século, de uma guarda de mercenários escravos de raça turca na qual os soberanos esperaram encontrar um grupo sólido, de fidelidade absoluta. Em 836, para melhor se isolar sob a proteção dessa guarda, cuja presença em Bagdá provocou incidentes, o califa al-Mu'tasim transferiu sua residência para Samarra, onde os turcos foram instalados em bairros privativos, sem possibilidade de frequentar a população local nem de casar com outras mulheres além das escravas turcas que o califa mandara vir para esse fim. Mas, uma vez essa importante guarnição militar aquartelada distante dos autóctones, a calma já não reinava mais nos arredores do palácio, e os emires turcos, impondo sua própria lei, fizeram e desfizeram os califas ao sabor das intrigas do momento, nas quais seus chefes se envolveram rapidamente.

Evidentemente, esboçou-se uma reação; e, depois do retorno do califa al-Mu'tamid a Bagdá, em 892, e do esforço de reorganização conduzido por seu sucessor al-Mu'tadid, os emires turcos se mostraram menos arrogantes; mas a calma continuou relativa. O califa al-Muktadir tornou-se joguete de vizires que ele demitia frequentemente, para demonstrar autoridade. As dificuldades financeiras, devido às custosas expedições que o poder tinha sido obrigado a enviar contra revoltas diversas, acentuadas pelos gastos suntuários da corte, puseram finalmente o soberano abássida à mercê dos governadores de províncias, que forneciam ao Tesouro central o essencial de seus recursos.

Foi assim que, em 936, um desses governadores recebeu o título de "grande emir" (amîr al-umarâ') com o califa delegando-lhe uma grande autoridade, que lhe permitia comandar o conjunto das tropas, encarregar-se do controle das finanças e, também, instituir a maior parte dos cargos. O primeiro desses grandes emires, Ibn Râ'ik, era de origem khazar; outros foram turcos; outros, ainda, árabes, pertencentes à família dos handânidas que estavam estabelecidos na Alta Mesopotâmia. Mas não demorou para um emir iraniano da família dos buyidas

HISTÓRIA DO POVO ÁRABE | 61

se apossar da função, que permaneceria durante mais de um século — de 945 a 1055 — nas mãos de seus descendentes ou parentes. Assim, o poder da dinastia árabe dos abássidas acabaria sendo, durante esse período, reduzido a quase nada, enquanto os emires buyidas controlavam não só o Irã mas também o Iraque, onde o califa conservava escassos privilégios.

Quando, no início do século XI, os turcos seljúcidas entraram em cena, havia muito tempo que o Império à frente do qual se encontrava o califa — e que jamais tinha sido totalmente unificado nem centralizado — estava desmembrado. Algumas províncias tinham-se destacado ou conquistado relativa independência, continuando a reconhecer a autoridade remota do califa e a fazer parte, culturalmente, do mundo árabe-islâmico; e o árabe perdera sua supremacia linguística. O fenômeno tinha-se manifestado com sucesso nas regiões da Espanha e do Magrebe, cuja distância favorecia as veleidades de independência, como veremos adiante. Também sublevou as províncias orientais, cujas fronteiras militares, nos confins do Irã e da Transoxiana, não se mostravam mais tranquilas do que os territórios situados nas fronteiras do Ocidente cristão.

Assim, insurreições tinham perturbado o Khorasan desde os reinados dos primeiros califas abássidas, região em que a ocupação árabe não havia conseguido nada além da instalação de frágeis grupos tribais. O sentimento particularista que os animava foi reforçado, em certo sentido, pela atitude do futuro califa al-Ma'mûn — filho de uma concubina persa —, que governou as províncias orientais em Merv antes de pretender a dignidade de califa. A guerra civil que se deflagrou entre ele e seu irmão al-Amîn, consequência de uma conjuntura política determinada, foi realmente marcada pelo antagonismo que então existia entre árabes e iranianos, contribuindo para, com seu sucesso, inspirar aos iranianos posteriores veleidades de emancipação. Estes se manifestaram a partir de 821, quando um certo Tâhir, antigo oficial de Ma'mûn, que tinha tomado parte ativa em operações contra al-Amîn, se tornou governador do Khorasan. Seu filho Talha, que o sucedeu, pôde conservar e legar a sua família o cargo de governador da província. Uma dinastia não árabe foi assim constituída, e, no Oriente do Império, gozava de uma autonomia financeira semelhante à que tinham, então, no Ocidente, os aglábidas de Ifrikiya.

Os tahiridas desapareceram (873) para dar lugar a um certo Ya'kûb al-Saffâr "o caldeireiro", que se tinha estabelecido no Sistan antes de estender sua autoridade, pela força, sobre o Khorasan. Ya'kûb, como indica o epíteto, era de origem local modesta, e sua força militar parece ter repousado, a princípio, sobre uma espécie de milícia popular, recrutada numa região deserdada e sustentada pelo movimento carijita. Sua autoridade foi reconhecida pelo califa: os safaridas, de lealdade duvidosa aos olhos do poder abássida, permaneceram como chefes das províncias orientais até que fossem eliminados, no início do século X, por uma dinastia que, por sua vez, ia conhecer um rápido desenvolvimento. Tratava-se dos samânidas, iranianos vindos de uma família de grandes proprietários e, no início, oficialmente entronizados pelo califa como governadores da Transoxiana, cuja defesa assumiram contra as incursões turcas.

HISTÓRIA DO POVO ÁRABE | 63

Mesmo em um país tão próximo do centro do Império quanto o Egito, dinastas de raça estrangeira tinham tentado se emancipar no fim do século IX. Em 877, um oficial turco chamado Ahmad ibn Tûlûn, que tinha sido suplente do governador, apoderou-se da província aproveitando-se da revolta servil do Baixo Iraque e das agitações que se seguiram; estendeu sua autoridade sobre a Síria e reivindicou autonomia financeira e posse de seus domínios a título hereditário. Fazendo isso, pretendia defender os direitos do califa reinante contra as pretensões do seu irmão e regente, mas perseguia também uma política pessoal de semi-independência em regiões facilmente hostis à dominação iraquiana. Constituiu um forte exército local, construiu uma residência real vizinha de al-Fustat e se comportou como verdadeiro soberano, até um novo califa e suas tropas, em 896, ocuparem a Síria e o Egito. A experiência tulunida durou até que o poder central pôde acabar com a ameaça que a revolta dos Zanj[4] fez pesar sobre todo o Baixo Iraque de 869 a 883, refletindo de algum modo o estado de perturbação endêmica causado à sociedade abássida pela presença de elementos não árabes.

Entretanto, os próprios elementos de origem árabe não eram mais dóceis. Testemunham-no esses beduínos da Arábia que vieram engrossar as fileiras dos famosos karmatas. Animados pelo espírito revolucionário ismailiano, fomentaram revoltas, primeiro na Síria e no Baixo Iraque no início do século X, depois na Arábia, onde atacavam caravanas

---

[4] "Zanj" era o nome dado pelos árabes do Medievo aos escravos vindos da África Oriental. (N. da R.)

de peregrinos e fundaram (no Bahrein) um pequeno estado independente. Um de seus chefes, Abû Sa'îd, reinou nessa região de 894 a 913, e lá organizou uma comunidade onde as prescrições da Lei islâmica já não eram todas observadas. Considerados infiéis por certos muçulmanos, em 927 não hesitaram em fazer ao Iraque uma incursão que os levou até as portas de Bagdá; depois, em 929, atacaram Meca, onde se apoderaram da venerável Pedra Negra,[5] só devolvendo-a muitos anos mais tarde.

Foram também elementos árabes — pelo menos em princípio — que em 909 fundaram, em Ifrikiya, um califado fatímida destinado a se mudar definitivamente para o Egito a partir de 969. Os novos soberanos, dos quais o primeiro foi o "*mahdi*" 'Ubayd Allah, alegavam ter origem árabe, pois se consideravam descendentes de 'Ali e de Fátima pelo sétimo imã Ismâ'îl, o que não ficou comprovado. A causa dos imãs ismailianos velados[6] foi defendida sobretudo por propagandistas não árabes, e os historiadores modernos, apoiando-se em acusações lançadas na época abássida, perguntaram-se se o primeiro califa fatímida não seria descendente do propagandista Maymûn al-Kaddâh e se sua linhagem não remontaria também a um simples liberto. Outros admitem que somente o segundo califa, al-Kâ'im, pertencia de fato à descendência de Ismâ'îl. O problema é complexo; mas o próprio fato de se afirmarem, com ou sem razão, puramente árabes de raça

---

[5] Pedra com cerca de 50cm de diâmetro é uma das relíquias mais sagradas do islã. (*N. da R.*)
[6] Ocultos. (*N. da R.*)

marcou esses doutrinários que reclamavam para si mesmos uma posição de intérpretes por excelência da Lei islâmica, munidos de poderes que supunham ser os únicos a receber de seus predecessores, sem contestação do povo nem de doutores. Consequentemente, o aspecto aristocrático do regime islâmico foi reforçado, o que feriu os sentimentos de boa parte das populações nas quais queriam difundir sua ideologia e que os obrigou, frequentemente, a recorrer à força.

Materialmente, o regime fatímida manteve-se no Egito por quase dois séculos (969-1171) e deu a esse país profundamente arabizado uma importância nova no Oriente Próximo islâmico. Ao chegarem, os califas fundaram uma cidade residencial que recebeu o nome de al-Kahira (o Cairo) e que, permanecendo nos primeiros tempos distinta do antigo entreposto comercial de al-Fustat, se desenvolveu até se tornar uma das maiores metrópoles islâmicas. Depois o Egito, sob esse domínio, atraiu para sua capital uma parte do comércio que passava anteriormente por Bagdá. Assim, numerosos produtos vindos do Extremo Oriente ou da Índia pelo oceano Índico para serem levados direta ou indiretamente a negociantes ocidentais chegaram ao Cairo, que desempenhou igualmente um papel de importante centro intelectual. Na nova mesquita al-Azhar, depois em uma construção especializada próxima do Palácio e chamada "Casa da Sabedoria" (bayt al-hikma), o ensino da doutrina ismailiana foi prodigalizado aos não iniciados.

Em meados do século XI, após um período de prosperidade triunfante, o estado fatímida ficou enfraquecido pela dissidência dos governadores ziridas de Ifrikiya contra os quais se enviaram, em 1052, bandos de árabes nômades, pertencentes aos Banu Hilâl e até então acantonados no sul do Egito.

A energia de eminentes vizires, como o armênio convertido Badr al-Djamâli (1073-1094), pôde apenas manter, provisoriamente, uma situação deteriorada nas fronteiras sírias pelos ataques de invasores turcos e minada pelas lutas entre diversos grupos mercenários rivais e de origem étnica diferente. Os esforços de Badr e de seu filho al-Afdal não teriam podido retardar o desmoronamento da dinastia se, nesse meio-tempo, não tivessem chegado do Ocidente os cruzados que, atacando os principados sírios seljúcidas, salvaram por um século o Egito fatímida, diante do novo Império turco que se estendia do Irã até a Anatólia.

No Oriente, os samânidas, que durante todo o século X tinham conseguido manter seu domínio sobre a Transoxiana e o Khorasan, foram obrigados a ceder lugar aos recém-chegados, de raça turca, contratados para defender as fronteiras setentrionais, e que bem depressa conseguiram se emancipar. Um oficial de nome Subuktegin, que exercia as funções de governador no atual Afeganistão, tinha sido o primeiro a rejeitar a suserania de seus antigos chefes e a fundar uma dinastia conhecida com o nome de "*ghaznevida*", por causa de sua implantação em Ghazna. Seu filho Mahmûd, que reinou de 998 a 1030, celebrizou-se por conquistas na Índia do Norte e se voltou depois para as possessões dos samânidas, que conseguiu eliminar por volta do ano de 1005. Tendo ocupado o Khorasan, marchou para oeste, onde, em 1029, tomou a cidade de Rayy, atual Teerã, no momento em que

HISTÓRIA DO POVO ÁRABE | 67

outros turcos, os seljúcidas, já tinham entrado em cena nos confins da Transoxiana. O crescimento do seu poder, apoiado nos êxitos militares, e também sua posição doutrinal, estabeleceu um laço com o ideal sunita que seus sucessores conservaram, permitindo ao califa de Bagdá mostrar-se, desde então, menos dócil aos emires buyidas.

Assim, no Oriente, com o desmembramento do Império, o califa teve que enfrentar sobretudo emires iranianos ou turcos cujas ambições ele mesmo contribuiu para encorajar. Como elementos árabes ainda ativos, contava apenas com os handânidas da tribo de Taghlib, que na Alta Mesopotâmia, nos meados do século X, se tornaram independentes e fizeram de sua corte um centro de revitalização de antigas tradições. O mais célebre entre eles, o famoso Sayf al-Darula, tornou-se, em 944, chefe de Alepo e da Síria setentrional para aí comandar, durante muitos anos, uma luta impiedosa contra os bizantinos que os perturbavam em sua fronteira; não pôde impedir o cerco de Alepo em 962 nem a pilhagem da cidade baixa, mas, por suas façanhas bélicas, foi celebrado por grandes panegiristas e cantores do arabismo, como os poetas al-Mutanabbi e Abû Firâs. Depois de sua morte, seus descendentes tiveram que aceitar o tratado que Bizâncio impôs em 969 e que lhe rendeu o território de Antióquia, antes que a Síria do Norte caísse (em 1015) sob uma efêmera suserania fatímida. Era, na realidade, o detonador de um estado de semianarquia que demonstrava, no início do século XI, a incapacidade da Síria para escapar às ingerências estrangeiras e ao efeito devastador dos novos poderes militares.

3. A sociedade do Império Árabe-islâmico

Pode-se falar de uma sociedade árabe no Oriente nessa época, e nessas condições? A questão tem grande relevância porque a maior parte dos territórios desse Império, com exceção da Arábia, foi, na origem, como vimos, povoada por não árabes aos quais não cessaram de juntar-se novos grupos estrangeiros introduzidos por invasões asiáticas. Sem dúvida, um país como a Síria, cuja população antiga, de cultura grega, não era de língua semita, ofereceu condições para a instalação de clãs árabes que se juntaram aos elementos autóctones; e a Mesopotâmia também foi, a seu modo e apesar dos laços com o Irã, um cadinho com papel análogo. Mas a implantação árabe tinha sido muito menos densa nas outras partes do Império, como o Irã, cuja composição étnica não foi modificada, o Egito, onde subsistiam essencialmente os coptas, o Magrebe, onde a quase totalidade dos habitantes era berbere, sem falar da Espanha, que constituiu, desde o momento de sua anexação ao Império, um país à parte.

De outro lado, as próprias famílias árabes eram constantemente transformadas em seu novo contexto social, quer fossem os libertos assim integrados antigos prisioneiros de guerra, quer fossem tributários convertidos, ou escravos comprados, ou, às vezes, concubinas escravas que em certas condições se beneficiaram da libertação. O fenômeno teve efeitos difíceis de calcular, mas cuja importância não se pode negar. Os próprios interessados não tinham sempre consciência disso, e se orgulhavam da pureza de sua ascendência, mas também existia a corrente contrária, que tendia a atenuar o prestígio

HISTÓRIA DO POVO ÁRABE | 69

de que gozavam, por definição, os membros da raça eleita. Certo califa dos tempos antigos não chegou a ponto de proclamar que "os filhos de escravos" eram superiores aos "filhos de mães árabes"? Sob certos aspectos, a sociedade abássida reconhecia-se como uma sociedade miscigenada, em que diversos elementos voluntariamente guardavam lembranças de um passado estranho ao mundo árabe-islâmico, que, aliás, eles se orgulhavam de representar.

Assim, os privilégios de que os árabes de origem se tinham beneficiado durante a época omíada foram pouco a pouco atenuados sob os abássidas. O primeiro desses privilégios, o de serem os únicos a constituir a força armada que protegia o califa, e de participar das expedições de conquista, tinha sido fortemente atacado desde a época omíada, nas regiões periféricas: no Ocidente, por exemplo, as tropas muçulmanas tinham tanto berberes quantos árabes. Mais bem conservado no Oriente, não tinha sido alterado pelo triunfo de um movimento abássida, que contava em suas fileiras com tantos ou mais curasanianos iranianos que árabes. Desde então, o exército árabe, recrutado antes nas tribos de circunscrições sírias, perdeu toda a sua importância, e essa evolução, na verdade pouco conhecida, termina, segundo as crônicas, no tempo do califa al-Mu'tasim, portanto no início do século IX, quando os árabes foram riscados dos registros das tropas do califa presentes no Egito.

Al-Mu'tasim foi o primeiro califa a se cercar de mercenários escravos, comprados como tais, e, na maior parte, de origem turca. A partir de então, hábito adotado em outras partes, uma milícia servil constituiu o núcleo da guarda califiana, e até do exército abássida, pois o número de mercenários aumentou rapidamente, eliminando os militares curasanianos e seus descendentes, que até então sustentavam o califado. A esses turcos juntaram-se berberes e negros, que talvez não fossem tão estranhos ao mundo islâmico quanto os turcos, mas não agiam como os não árabes desprovidos de laços com a população iraquiana. Depois, os emires buyidas introduziram, por sua vez, mercenários daylamitas, isto é, iranianos, enquanto os califas fatímidas do Egito recrutavam sobretudo negros e "escravos", isto é, escravos de origem europeia que se encontravam também na Espanha. Por outro lado, sabe-se que, nas províncias orientais, emires como os samânidas apelavam para mercenários turcos de condição servil. Pode-se dizer, pois, que a partir do século X os elementos árabes desempenharam um papel bem limitado nas forças armadas, aparecendo somente em torno de emires da mesma raça, como os handanidas de Mossul e de Alepo.

Sem posições, os membros das grandes famílias árabes não detinham mais os postos de governadores, e foram preteridos por *mawâli* iranianos ou emires turcos provenientes da guarda. Na própria corte do califa a qualidade de árabe deixou de conferir um lugar privilegiado a partir de um momento que, embora difícil de precisar, se situa nos meados do século IX. A única descendência que conseguiu preservar tanto a sua individualidade como o seu prestígio foi a dos membros da "família do Profeta", que compreendia ao mesmo tempo os descendentes de al-'Abbâs e os de 'Ali, os "abássidas" e os "alídeos", confundidos sob a denominação de hashimidas, por serem descendentes de Abû Hâshim e terem direito ao título de xerifes ou "nobres".

HISTÓRIA DO POVO ÁRABE | 71

Na realidade, as principais funções governamentais e administrativas eram destinadas a não árabes qualificados para esses diversos ofícios, fosse por seu conhecimento de problemas práticos que o aparecimento do islã não modificou profundamente, fosse por sua aptidão para garantir junto aos governantes um "serviço" que exigia, ao mesmo tempo, iniciativa e flexibilidade. O funcionamento da monarquia abássida continuava a não diferir sensivelmente da monarquia sassânida, por exemplo, e os conselhos generosamente dispensados aos cortesãos pelas antigas obras da literatura pálavi continuaram válidos. Seus ensinamentos ajudavam principalmente a modelar o comportamento de administradores ou secretários de origem iraniana, que não escondiam sua simpatia pela cultura dos antepassados, enquanto aumentava o número de descendentes árabes entre os homens de religião e em certos círculos de letrados; não se tratava, entretanto, de regras estabelecidas, mas de uma situação de fato constante.

Quase todas as classes baixas de população eram não árabes, quer se tratasse de camponeses que permaneceram em suas terras havia séculos, quer fossem artesãos emigrados, mais frequentemente, de campos próximos às novas metrópoles islâmicas. Em compensação, os grandes comerciantes pertenciam à raça dos conquistadores e, entre os navegadores que deixavam Basra para voltar ao Extremo Oriente, por exemplo, encontravam-se muitos árabes, o que contribuía para confirmar, além dos limites do Império, a vitalidade de um gosto tradicionalmente árabe pelo comércio e pelas viagens. Assim encontra-se, na época abássida, e principalmente no centro do Império árabe-islâmico, uma sociedade

72 | DOMINIQUE SOURDEL

heterogênea, mas profundamente marcada pelo arabismo. Os descendentes dos antigos conquistadores apareciam aí em pequeno número e não exerciam necessariamente funções de governo. Conservavam, entretanto, um lugar em primeiro plano, pelo prestígio que continuava ligado a sua origem étnica bastante indevidamente reivindicada, como também pelo papel que não deixavam de exercer nos meios urbanos de comerciantes e sábios que constituíam, por excelência, a classe muçulmana ativa. Daí o caráter ambivalente de uma evolução destinada a permitir, mais tarde, que se confundissem as noções, a princípio diversas, de arabismo e de islamismo.

4. A cultura e a civilização do mundo árabe-islâmico

A cultura medieval que correspondia a uma sociedade tão complexa, tanto em seus elementos básicos como em suas semelhanças entre o povo árabe e o islâmico, carregava consigo uma característica que assegurava a unidade.

A única característica restante da cultura árabe a desaparecer eram os dialetos regionais dos países conquistados, assim como as linguagens culturais para o idioma do islã (o siríaco ainda permaneceu utilizado durante um tempo por um pequeno grupo de cientistas em declínio; ao passo que da linguagem popular iraniana não restou mais que sua existência escrita no Magrebe, no berbere, ou mesmo na Espanha muçulmana).

O árabe foi imposto inicialmente como língua religiosa e litúrgica de valor incomparável: a revelação foi transmitida em árabe, como dissemos antes, sem que nenhuma tradução fosse admitida; a perfeição estilística do Corão era tida como inimitável, e constituía a prova de autenticidade de sua mensagem. Por isso as ciências que tinham como objetivo compreender o texto revelado, interpretá-lo, comentá-lo e elaborar, por um lado, uma doutrina religiosa, e por outro um código jurídico e cultual, só podiam se servir do árabe. Mas, sendo o árabe, além disso, a língua dos primeiros chefes do Império, bem como de sua administração, a produção literária de qualquer natureza — tanto profana quanto religiosa — teria de recorrer a ela. Sua supremacia como veículo de todo pensamento foi unanimemente reconhecida, e um sábio de origem iraniana como al-Bîrûni, que viveu no século XI, exaltou sua utilidade para o desenvolvimento da ciência universal.

Observemos, entretanto, que a cultura árabe-islâmica, na qual a língua árabe servia como meio de expressão, apresentava, ao lado de heranças propriamente árabes, traços marcantes de culturas estrangeiras ou anteriores ao islã. Do mesmo modo, é evidente que os artesãos que o criaram foram, frequentemente, não árabes que contribuíram para desenvolver alguns de seus aspectos mais característicos. Daí os efeitos simultâneos que exerceram, nos primeiros tempos, duas tendências opostas.

A primeira explica que se deve ligar a uma tradição propriamente árabe as obras deixadas por poetas, contistas, oradores, compiladores de narrativas entretenedoras ou especialistas das ciências religiosas. Sabe-se que a poesia foi cultivada na Arábia desde a época de Maomé e, sem dúvida, mesmo antes, por autênticos árabes que utilizavam uma forma de prosódia particular e exploravam certos temas que ligavam o lirismo amoroso à sátira ou ao panegírico. Esses gêneros continuaram com prestígio na época omíada e na época abássida, vistos com frequência na obra de poetas de ascendência árabe, enquanto se tentava flexibilizar modelos primitivos e neles introduzir temas que correspondessem à vida refinada dos centros urbanos. Do mesmo modo, uma tradição árabe logo animou as arengas oficiais — de caráter político ou religioso, cujo texto às vezes foi conservado —, que dão uma ideia da eloquência da época. Essa eloquência também perdurava nas anedotas mais antigas, mesmo que tivessem sido recolhidas tardiamente, e nos primeiros trabalhos consagrados à Lei islâmica, obra de sábios geralmente árabes e provenientes do Hidjaz. Dentre esses distinguiram-se juristas como Malîk e, mais tarde, al-Shâfi'i, depois substituídos por não árabes, como o famoso al-Bukhâri, que enfrentou o árabe Ibn Hanbal, ou ainda o grande Abû Hanîfa, fundador da escola jurídica hanafita.

Por outro lado, transmitia-se em árabe o patrimônio de culturas não árabes, das quais certos iranianos, que adotaram o árabe como meio de expressão, ficaram impregnados a ponto de se prevalecerem disso abertamente e de encontrarem aí o objeto principal de seu orgulho. O exemplo clássico é o de Ibn al-Mukaffa', que traduziu para o árabe o livro de *Kalîla wa-Dimna*, versão iraniana das *Fábulas de Bidpaï*, e compôs conselhos aos cortesãos e aos soberanos inspirando-se diretamente na literatura didática pálavi. Fossem novos convertidos ao islã, como ele, ou iranianos que permaneceram adeptos do zoroastrismo, todos tinham o desejo de fundar

HISTÓRIA DO POVO ÁRABE | 75

a nova cultura do mundo árabe-islâmico a partir do acervo da literatura iraniana, e, portanto, contribuíram para fazer nascer, na época abássida, o movimento que se chamou shu'ubita. Isso não acontecia sem provocar, nos partidários da cultura árabe — como o famoso al-Djâhiz (morto em 869), que, entretanto, não era de origem árabe —, uma violenta reação de oposição. No fim do século IX, entretanto, a crise estava superada: um Ibn Kutayba (morto em 889) tinha integrado, nos modos de pensar árabe-islâmico, a herança indo-iraniana, à qual juntou, depois de al-Djâhiz, as riquezas de uma herança helenística mais difícil de definir, assim como os efeitos de uma outra corrente que se pôde chamar judaico-cristã. No século XI, um moralista como o iraniano Miskawayh estabeleceria um lugar, no seio da sabedoria eterna protegida pelo islã, para as sabedorias antigas, grega e indo-iraniana, que ele queria associar à sabedoria herdada dos árabes.

Assim, a existência de tendências culturais distintas e, por momentos, opostas, cujos representantes queriam explorar cada uma em seu próprio patrimônio, não impediu árabes e não árabes de participarem da elaboração de uma literatura árabe da época islâmica original em si mesma. Fica impossível determinar com certeza a parte que cabe a cada um; mas a própria atitude dos não árabes basta para mostrar o quanto foram arabizados nessa época os povos conquistados. O epíteto "árabe" merece, pois, ser conservado para um mundo abássida em que os árabes de raiz eram apenas uma minoria étnica, mas entre os quais a vontade de promover uma cultura árabe permanecia, de fato, em todas as diversas províncias do Império.

A unidade cultural assim afirmada dizia respeito também a uma organização material profundamente semelhante a si mesma, de uma a outra extremidade desse Império, estreitamente ligada a suas instituições. A disposição das cidades, suas grandes mesquitas, seus suntuosos palácios, suas ruas comerciais tinham sido modelados ao mesmo tempo por prescrições religiosas (ritos da Prece, ensino da Lei), pelos hábitos de soberanos autocratas e apaixonados por magnificência, pelos costumes de uma vida popular islamizada, bem como por necessidades econômicas comuns a quase todos os territórios nos quais o islã estava difundido. Do mesmo modo, avançava por uma paisagem não urbana, onde dominava a estepe e onde os trabalhos de irrigação, variáveis conforme o país, eram indispensáveis à prosperidade das grandes regiões agrícolas, com transmissão de técnicas de uma região para outra e, aparentemente, do Oriente para o Ocidente. Por outro lado, a imensidão de um Império, que de um lado estava em contato com a Europa medieval, de outro, com a Ásia Central e o Extremo Oriente, favorecia o grande comércio, embora as cidades não fossem somente centros de fabricação artesanal onde se vendiam produtos locais refinados, mas também mudas de caravanas e entrepostos comerciais onde se encontravam as mercadorias mais inacessíveis. As técnicas utilizadas, tanto na construção como nas diversas fabricações artesanais ou na agricultura, tinham sido herdadas do mundo antigo, mas muitas vezes notavelmente aperfeiçoadas, e atingiam um nível que o Ocidente, na época das Cruzadas, ainda não conhecia.

Caracterizado assim por sua cultura e sua civilização material, o mundo árabe-islâmico o era também por sua arte,

HISTÓRIA DO POVO ÁRABE | 77

que praticamente nada devia aos hábitos propriamente árabes, inexistentes nesse domínio, mas que tinha adaptado as tradições artísticas às exigências da nova sociedade arabizada. Assim nasceram os tipos monumentais da grande mesquita e do palácio, logo seguidos da *madrasa* ou colégio, do convento ou mausoléu. Assim nasceu também uma ornamentação que reservava um lugar quase exclusivo aos motivos de origem geométrica ou floral, evitando tanto quanto possível as representações figuradas reprovadas pela tradição religiosa, mas assegurando sobretudo a preeminência das variações decorativas emprestadas dos grafismos árabes.

Tal arte merece ser chamada árabe-islâmica porque foi o produto da civilização árabe-islâmica e exerceu, como símbolo refinado dessa civilização, certa fascinação sobre as populações que estavam em contato direto com o mundo do islã. Mas as variantes que ela apresentava segundo as regiões, e que se acentuaram em épocas posteriores, são suficientes para explicar o fenômeno de definição restritiva em função do qual se chegará mais tarde a isolar, dentre as manifestações locais dessa arte do Império, as fórmulas artísticas dos únicos países arabófonos, voluntariamente separados, pela escalada dos nacionalismos, daquelas que evoluíram paralelamente nos países que invocavam, daí em diante, seu caráter turco ou iraniano.

CAPÍTULO V
O OCIDENTE ÁRABE
DO SÉCULO VIII AO XV

1. O Ocidente árabe-islâmico até
a metade do século XI

Vimos como os conquistadores árabe-muçulmanos do século VII tornaram-se, progressivamente, senhores do Magrebe, depois da Península Ibérica quase toda, regiões que fizeram parte do Império árabe dos omíadas. Desde o início da época abássida, o califado do Oriente, que experimentava grandes resistências ao lado dos territórios iranianos, teve ainda mais dificuldade em controlar as províncias ocidentais onde a população autóctone conservou suas características e as condições naturais ajudaram na constituição de estados mais ou menos autônomos.

A província islamizada de al-Andalus, que, mais que qualquer outra, estava livre de intervenções armadas do poder central, afastou-se do Império pouco depois do aparecimento da dinastia abássida, assim que um sobrevivente da família omíada conseguiu ser reconhecido como emir. Em 756, esse neto do califa sírio Hishâm tomou a cidade de Córdoba e desde então agiu na Espanha como soberano independente, continuando o trabalho de arabização e de orientalização de um país onde a nova família reinante, nostálgica, se empenharia em recriar o ambiente perdido da Síria. Ele conseguiu legar o poder a seu filho, fundando assim uma dinastia omíada da Espanha, destinada a se perpetuar até o início do século XI, a se fazer respeitar por muito tempo nos estados cristãos rivais subsistentes na Península e a levar adiante, no solo da África, alguns aspectos da sua política de supremacia.

Paralelamente, os laços diretos com a autoridade do califado abássida foram relaxados no Magrebe, sobretudo como consequência de investidas de rebeldes refugiados do Oriente. A partir de 761 nasceu um estado independente kharijita, quando um chefe de origem iraniana, chamado 'Abd Alá ibn Rustum, fundou um principado que tinha como capital a localidade de Tahart, próxima da atual Argel. Pouco depois um alida chamado Idrîs, de ascendência autenticamente árabe, organizou na região do Magrebe, que corresponde ao atual Marrocos, um emirado dissidente; implantou perto da antiga Volubilis, em 789, uma nova cidade, à qual seu filho logo associou, na outra margem de um pequeno rio, uma segunda cidade — Fez —, que, nascida dessa reunião, se desenvolveu muito depressa.

Quanto à parte oriental do Magrebe, um pouco mais tarde denominada Ifrikiya (transposição árabe do latim *Africa*), ela conheceu o progresso de sucessivas dinastias que também pretendiam a independência. Em 800, o filho de um oficial curassaniano, que tinha participado das expedições militares do califado levadas ao Magrebe, conseguiu que o califa Harûn al-Rashîd lhe concedesse, a título hereditário, o emirado da região de Kairouan, mediante um tributo anual. Assim foi criada

HISTÓRIA DO POVO ÁRABE | 81

a pequena dinastia dos aglábidas — designada pelo nome de seu fundador, Ibrâhîm ibn al-Aghlab —, que reinou durante um século, e gozou de autonomia quase completa, protegendo o mundo árabe-islâmico das violências dos berberes, e que estendeu seus limites com algumas conquistas: tomou Sicília, Malta, e atacou muitas vezes os portos da costa italiana, sem, no entanto, conseguir se instalar ali definitivamente.

Aconteceu em seguida, na mesma região, o triunfo de propagandistas ismailianos que, vindos da Síria no fim do século IX, estiveram na origem do califado fatímida, fundado por eles depois de terem atraído para a sua causa os berberes da tribo kutâma. O regime assim estabelecido em Ifrikya antes de tentar se mudar para o Egito, e de que se conhecia a orientação religiosa e as pretensões, não se impôs sem dificuldade sobre as populações do Magrebe. O reinado de Tahart foi rapidamente eliminado, e os idrissidas de Fez tiveram de reconhecer a suserania fatímida, que, na realidade, foi exercida de modo intermitente em uma região exposta aos ataques de soberanos andaluses. Mas o Império fatímida, que, em meados do século X, se estendia ao conjunto do Magrebe, até a Sicília, não deixou de enfrentar em Ifrikiya resistências devidas ao mesmo tempo às divergências religiosas e às diferenças étnicas, principalmente o segundo califa, al-Kâ'im, que enfrentou a revolta das tribos berberes de Aurés, as quais lhe reprovaram a severidade do sistema fiscal. O chefe da revolta, Abû Yazîd, conhecido como "o homem do asno", conseguiu tomar e pilhar Kairouan em 994; depois sitiou em al-Mahdiya, a "cidade do Mahdi", o califa al-Kâ'im, que aí morreu antes que seu filho pudesse libertar a região de Susse e pôr fim à rebelião. Os soberanos também não hesitaram em trocar o país pelo Egito, logo que conseguiram, no fim do século X, anexar essa província.

Essa transferência foi acompanhada pela instalação, em Ifrikiya, como representantes de califas fatímidas, de emires berberes que obtiveram o privilégio de transmitir o cargo a seus descendentes. Esses emires, chamados ziridas — devido ao nome de um chefe berbere, Ziri, que tinha estado a serviço do califa —, governaram a província, onde gozaram de certa autonomia. Mas a sua autoridade não se estendia ao Magrebe central, onde os fatímidas tinham encorajado uma outra dinastia local, a dos hamadidas, primos dos ziridas, que tinham como capital a Qal'a dos Banû Hammâd na região de Bougia. Mais a oeste, o Magrebe extremo passou, por volta de 980, para a órbita do califado de Córdoba.

Os emires ziridas tentaram melhorar sua posição no país conciliando-se com os doutores malikitas de Kairouan, sempre hostis ao regime xiita. Conquistados eles mesmos por essa causa, em 1046 acabaram por rejeitar a suserania de seus antigos chefes fatímidas e substituíram-na pela do califa abássida de Bagdá. Os fatímidas responderam a essa iniciativa lançando sobre Ifrikiya, por volta de 1052, bandos saqueadores dos Banû Hilâl, que até então percorriam territórios do Egito meridional, onde se mostravam muito turbulentos. Essa invasão súbita obrigou o emir zurida a submeter-se, por pouco tempo entretanto, pois o enfraquecimento do regime fatímida no Oriente já se fazia sentir. Restava a Ifrikiya o balanço negativo de um episódio que se traduziu em uma série de massacres e devastações. A outra consequência da invasão

HISTÓRIA DO POVO ÁRABE | 83

foi a instalação, em Ifrikiya, de elementos estrangeiros, provocando uma nova onda de arabização. Mas, paralelamente, voltava a vida rural e urbana a um país cujas estruturas políticas parecem ter sido frágeis; e, como consequência, certos historiadores foram levados a considerar com desprezo a ação das tribos beduínas que vieram perturbar a vida do Magrebe. Pode-se, entretanto, perguntar por que as más ações dos hilalianos tiveram nesse país efeitos econômicos aparentemente mais duráveis que os atos cometidos no Oriente por outros nômades também destruidores.

2. O desabrochar da Espanha árabe-islâmica

O estado constituído na Espanha a partir do século VIII, sob o impulso do primeiro emir independente, príncipe árabe refugiado do Oriente, manteve sua sede em Córdoba, longe da antiga capital visigótica de Toledo, e continuou a afirmar sua ruptura com a tradição local anterior. Seu desenvolvimento correspondeu a um reforço constante da dominação árabe-islâmica dessa província, à medida que se sucediam contribuições orientais, assegurando igualmente a permanência das tradições propriamente omíadas e sírias. O regime apresentava traços semelhantes aos do governo de Bagdá na mesma época, além de particularidades atribuídas à originalidade do povoamento. Assim, as funções administrativas, judiciárias e militares não estavam totalmente separadas entre si, e podiam ser exercidas sucessivamente pelos mesmos personagens, segundo um processo extremamente raro. Isso, talvez, porque os não árabes ficaram, muito mais tempo que no Oriente, excluídos das funções de caráter governamental, reservadas aos árabes do círculo do príncipe e da corte. Por outro lado, apenas os berberes, que tinham participado — como os árabes — da conquista da Península, eram admitidos em um exército no qual os autóctones eram mantidos à parte, e o recrutamento só lentamente foi permitido aos mercenários de origem servil.

A população arabizada da Espanha muçulmana, cuja heterogeneidade tinha equivalente no Império, conheceu etapas sucessivas da evolução das quais temos melhores descrições que de outras regiões. A divisão em diferentes etnias varia segundo as épocas, e sabe-se que os elementos árabes se integraram aí por ondas sucessivas. A primeira, no momento da conquista, trouxe grupos pertencentes a duas grandes tribos rivais, os kays e os kalb. No início do século VIII, uma segunda onda seguiu-se à chegada de um novo governador, al-Thakafi. Por volta de 740, vieram as tropas árabes, comandadas por Baldj, chefe militar que, depois de ter enfrentado no Magrebe a resistência dos revoltados berberes, encontrou refúgio na Espanha, onde deu forte apoio ao governador da época, envolvido também ele com uma rebelião berbere. Os companheiros de Baldj, pertencentes a tribos diferentes, eram provenientes dos *djund* da Síria, onde estavam antes estabelecidos: na Espanha, eles receberam concessões de bens de raiz, agrupadas em circunscrições militares que lembravam suas implantações precedentes: o contingente vindo de Damasco foi estabelecido no distrito de Elvira, o do Jordão, no distrito de Reiyo, o da Palestina, no distrito de Sidona, o de Homs, no distrito de Sevilha, o de Kinnasrîn, no distrito de Jaen; enfim, os homens vindos do Egito receberam domínios

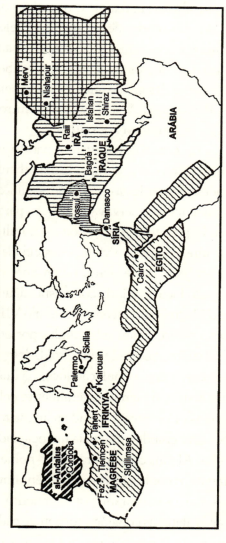

O mundo árabe-islâmico no fim do século X.

no Algarve — atual Portugal meridional — e na região de Múrcia. Como beneficiários das rendas desses domínios, eles eram combatentes mobilizáveis a qualquer momento, e foram chamados de *shami*, "sírios", o que os distinguia dos árabes mais antigos chegados ao país e designados nas crônicas pelo nome de *baladi*, "locais". Por sua vez, 'Abd al-Rahmân I introduziu novos imigrados, que se juntaram aos outros.

Esses árabes instalados na Espanha reservaram para si as melhores terras, nas planícies e na costa, obrigando os berberes a se contentar com regiões montanhosas. Isso não significa, entretanto, que as exploravam: eles reservavam para si a parte mais considerável da renda proveniente dos domínios cultivados pelos antigos ocupantes, enquanto viviam nas cidades, onde exerciam diversas funções. Lá se defrontaram com os berberes que tinham chegado logo depois da conquista, alguns dos quais, espalhados pelo Magrebe em meados do século VIII, depois do desastre de sua revolta, foram substituídos por outros da mesma origem, utilizados sobretudo como soldados.

Os berberes se misturaram a uma população local na qual havia muitos convertidos ao islã, designados geralmente pelo nome de *muwallad*, que não continuavam falando a língua românica e souberam conquistar grande influência na sociedade árabe-islâmica da Espanha. Alguns conservaram seus nomes, o que os tornava facilmente reconhecíveis; outros tentaram se fazer passar por árabes; outros se uniram, por casamento, a famílias árabes. Assim, após algumas gerações, tornou-se cada vez mais difícil distinguir, tanto lá como em outros lugares, os autênticos árabes dos autóctones arabizados e islamizados, ao lado dos quais subsistiam cristãos e judeus, que constituíam

HISTÓRIA DO POVO ÁRABE | 87

comunidades relativamente importantes. Esses "tributários", chamados moçárabes (do árabe musta'rib, "o que se esforça para falar árabe"), submetiam-se ao mesmo regime, simultaneamente tolerante e discriminatório, dos seus irmãos que habitavam outras regiões do mundo islâmico. Mas acontecia a alguns dentre eles se converter ao islã sob a pressão das circunstâncias e depois querer voltar à sua religião de origem, o que os expunha às condenações severas previstas pela Lei islâmica para os apóstatas.

Os primeiros emires de Córdoba se esforçaram muito para manter a unidade de uma província de população tão variada, reprimir os tumultos e defender o território contra os estados cristãos vizinhos. A situação se tornou mais calma em meados do século IX, quando o soberano empenhou-se em melhorar a organização administrativa, desenvolver a vida da corte, proteger os sábios e letrados e procurar, por outro lado, uma problemática aliança com Bizâncio contra os abássidas. A Espanha muçulmana adquiriu então, dentro do mundo árabe-islâmico, nova importância, confirmada quando o emir 'Abd al-Rahmân III decidiu, em 929, assumir o título do califa, "emir dos crentes". Parece que o declínio de Bagdá, de um lado, e o aparecimento do califado "cismático" dos fatímidas em Ifrikiya, de outro, incitaram o emir de Córdoba a tomar tal decisão.

O novo defensor do islã sunita aplicou-se em unir a população de al-Andalus contra os perigos internos e externos. Empreendeu diversas expedições contra o Magrebe, onde estabeleceu "cabeças de ponte" e praticamente arrancou o norte do Marrocos da influência fatímida, restabelecendo assim as comunicações com as regiões auríferas do Senegal. No interior, as rivalidades entre árabes, berberes e andaluses, convertidos ou não, eram veladas. O emir tinha conseguido, no início de seu reinado, pôr fim a uma perigosa revolta que, há muitos anos, na Andalusia Oriental, anulava os esforços da autoridade central, e introduziu, tanto no serviço do palácio quanto nas necessidades do exército, escravos fiéis, geralmente de origem europeia, que eram chamados esclavônios ou eslavos (em árabe, *sakâliba*). Aos primeiros esclavônios que chegaram à península durante o século X confiaram-se, quando foram libertados, importantes funções no governo, enquanto os escravos negros, vindos da África, ocupavam na sociedade local um lugar bem inferior.

A cultura árabe conheceu então um novo desenvolvimento sob o impulso de sábios e letrados orientais de renome. Uma importante biblioteca foi instalada em Córdoba. Surgiram doutrinas, tanto jurídicas como teológicas ou místicas, até então pouco divulgadas na Espanha, o que provocou reações da parte de doutores antes fiéis a uma única escola — o malikismo —, desconfiados em relação a todas as correntes em que percebiam laivos da filosofia antiga. Assim, no século X, o islã árabe andalus continuou a se apresentar sob forma muito mais monolítica que o islã oriental, apesar das influências que começou a sofrer. As ciências tiveram avanço, devido, sem dúvida, às relações que o califado de Córdoba mantinha com Bizâncio e que permitiam a circulação, no país, de textos antigos tão preciosos quanto o texto original da *Matéria médica* de Dioscoride. Do mesmo modo, a arte floresceu em toda a Espanha muçulmana, e disso a

HISTÓRIA DO POVO ÁRABE | 89

grande mesquita de Córdoba e a residência do califa de Madinat al-Zahra são os testemunhos mais deslumbrantes.

Depois dos reinados tão brilhantes de 'Abd al-Rahmân III e de seu filho, manifestou-se na civilização árabe-islâmica da Espanha um declínio análogo ao do califado de Bagdá: enfraquecimento crescente dos soberanos, rivalidades internas e lutas armadas. O resultado foi que bem depressa a dinastia omíada precisou confiar a quase totalidade de seus poderes aos "mordomos-mor do rei", equivalentes locais dos "grandes emires" do Oriente, dos quais o mais célebre, o Almanzor dos espanhóis, encontrou viva oposição por parte da aristocracia árabe, à qual, no entanto, ele pertencia. Sucessivas sedições levaram à queda do califado em 1031. O território de al-Andalus foi então dividido em uma série de principados cujo desenvolvimento consagrou o fim da dominação árabe. Enquanto os abadidas de Sevilha, os hudidas de Saragoça e os amiridas ou descendentes de Almanzor em Valencia reclamavam dessa pertença, as outras dinastias eram berberes, como os aftasidas de Badajoz, os dhou-l-nounidas de Toledo, os hamadidas de Málaga ou os ziridas de Elvira, ou mesmo antigos esclavônios.

O período de desmembramento, igualmente fecundo do ponto de vista literário e artístico enquanto cada capital de principado se tornava um centro ativo e uma cultura árabe impregnada de hispanismo, sobrevivia ainda por algum tempo ao desmoronamento da dominação política árabe. Obras doutrinais e tratados científicos confirmavam seu prestígio, ao lado de coletâneas de poesia que substituíam a poesia tradicional por uma poesia estrófica, de raízes nitidamente hispânicas. Mas, no decorrer do século XI, os cristãos se fortaleceram, e se apossaram de Toledo, sinal do inexorável avanço da Reconquista que a chegada dos almorávidas, convocados pelo rei árabe de Sevilha, só conseguiu retardar temporariamente.

3. O Magrebe e a Espanha do fim do século XI ao início do século XVI

Na segunda metade do século XI, o extremo do Magrebe estava dominado por um grupo berbere, o dos lantûna, pertencente à tribo Sanhâdja, de onde provinham os ziridas. De um *ribât*, que esses berberes tinham fundado no Saara Ocidental, e cuja localização exata é hoje impossível de definir, saíram os "povos do *ribât*", chamados também almorávidas, que, em nome do ideal muçulmano, se lançaram a expedições de guerra santa, de início contra os negros, depois contra certas tribos berberes do Magrebe, até ocupar todo o Magrebe extremo, onde, em 1062, fundaram a cidade de Marrakesh. O primeiro de seus grandes soberanos, que tomou o título de "emir dos muçulmanos" (inferior ao de "emir dos crentes", usado pelo califa), conquistou a cidade de Fez, centro árabe-islâmico, cuja atividade intelectual e econômica ele fez desenvolver. Principalmente, invadiu o território ameaçado de al-Andalus e foi ao encontro dos cristãos, que venceu em Zallaca em 1086, interrompendo assim os ataques de Alfonso VI de Castela e anexando diversos principados muçulmanos de Espanha cujos príncipes foram destronados e às vezes deportados para o Magrebe. À sua morte, no início do século XI, deixou ao filho um vasto Império que se estendia ao mesmo tempo sobre a Europa e a África, mas cuja organização continuou frágil, sofrendo ofensivas cristãs e revoltas internas hispânicas. As relações eram realmente difíceis entre os refinados andaluses arabizados e os rudes berberes que os haviam subjugado, o que não impediu os primeiros de exercer durável influência em todo o Império, tanto no campo das letras e das ciências religiosas como na da arte e na da arquitetura.

Em 1130, os almorávidas foram, por sua vez, cercados em Marrakesh por um novo grupo berbere dirigido pelo *mahdi* Ibn Tûmart, personagem de origem berbere, iniciado no Oriente nas doutrinas de místicos e teólogos como al-Ghazâli. Retornando ao Magrebe, ele decidiu renovar o islã, pregando a verdadeira doutrina da "unidade" divina (de onde o nome de seus companheiros, os almoadas, *al-muwahhidûn*, ou "partidários da unidade"), condenando a teologia antropomorfista que até então era defendida nos meios malikitas do Magrebe e recomendando uma estrita reforma dos costumes; ele próprio se considerava investido de missão quase divina, e se comportava como profeta em relação a uma comunidade que lhe devotava obediência total e que era dirigida, segundo a tradição, por conselhos hierarquizados. Seu poder, de caráter inicialmente religioso, passou, com sua morte, a um sucessor igualmente berbere, que assegurou a própria autoridade tomando o título de emir dos crentes e fundou uma dinastia hereditária. A partir de 1145, o Império almorávida foi substituído por um Império almóada ainda mais vasto, cujas tropas penetraram na Espanha, onde ocuparam a parte ocidental do país e submeteram todo o Magrebe até Ifrikiya, eliminando as dinastias hammadida e zirida, quebrando a resistência das tribos árabes e perseguindo os normandos instalados havia pouco em certos pontos. A política assim iniciada triunfou, apesar de algumas dificuldades internas, e, em 1195, Abû Yûsuf, lançando uma ofensiva no norte, alcançou a vitória de Alarcos sobre os exércitos cristãos.

A supremacia dos almóadas correspondeu então a uma etapa brilhante na história da civilização magrebina, ela mesma parte integrante da civilização árabe-islâmica, e a despeito do papel importante aí sempre destinado aos elementos berberes. A paz que reinava na época, apesar de certo endurecimento em relação aos contribuintes, propiciou o progresso econômico, o desenvolvimento das cidades — principalmente Marrakesh e Fez —, assim como a atividade religiosa, literária e intelectual. Os soberanos almóadas, menos rigoristas, sob certo ponto de vista, que seus predecessores, protegeram médicos, filósofos, teólogos, cronistas, poetas, e deixaram difundir-se o sufismo em torno deles. Nos monumentos que edificaram, tanto no Magrebe extremo como na Espanha, recorreram aos efeitos de uma decoração simples e majestosa, às vezes um tanto austera, que marcou a arte islâmica do fim do século XII no Ocidente.

Entretanto, o regime almóada não tardou a declinar, e os exércitos muçulmanos foram vencidos em 1212 na Espanha, em Las Navas de Tolosa, enquanto um pouco mais tarde o governador hafsida de Ifrikiya e o governador 'abd-al-wadida de Tlemcen se declaravam independentes, anunciando os ataques de outros berberes, os merinidas, logo instalados em Meknés, Fez e Marrakesh (1269). Desde então o Magrebe

HISTÓRIA DO POVO ÁRABE | 93

ficou nas mãos de três dinastias berberes, que subjugaram sem dó as tribos árabes de sua região e disputaram a herança dos almóadas sem, afinal, as intenções reformadoras de seus predecessores. No curso dessas rivalidades, os merinidas, que tinham eliminado os 'abd-al-wadidas, enfrentaram os hafsidas, de quem eram, a princípio, aliados, e tiveram que desocupar Tlemcen. No início do século XIV, o Magrebe manteve uma espécie de unidade econômica e intelectual que lhe permitiu, durante décadas, afirmar sua importância diante da Europa. Foi a época do grande Ibn Khaldûn, cujas reflexões demonstram a relativa vitalidade dos centros intelectuais que desejavam ser os colégios fundados pelos soberanos merinidas e hafsidas. Foi também a época do viajante Ibn Battûta (1304-1369), que era íntimo do soberano merinida Abiê 'Inân.

A partir do fim do século XIV, o regime merinida começou a enfraquecer, vítima, ao mesmo tempo, de um deslocamento das grandes vias comerciais, de uma crise de autoridade e de ataques externos provenientes do reino muçulmano de Granada, de Castela e, enfim, de Portugal, que tomou Ceuta em 1415. Em 1471, o último merinida, já reduzido à impotência havia longos anos, foi destituído do poder. A anarquia que reinava então no extremo do Magrebe, onde o marabutismo se desenvolvia com rapidez surpreendente, favoreceu a chegada ao poder de uma nova dinastia, árabe dessa vez, a dos sa'didas de origem cherifiana, isto é, "descendentes do Profeta", que, em primeiro lugar, se encarregaram de combater os ataques portugueses, e ocuparam os principais portos da costa atlântica entre 1471 e 1515.

Após a queda dos almóadas a Espanha conheceu um novo período, marcado pela organização do reino nasrida em torno de Granada. No início do século XIII, os cristãos tinham progredido de modo espetacular, retomando Valença em 1238, Córdoba em 1236, Jaen em 1245, e integrando a seus novos estados as regiões assim reconquistadas. Em 1237, o emir nasrida de origem árabe Ibn al-Ahmar, que se instalou em Granada, teve que aceitar tornar-se vassalo do rei de Castela; e, entre os muçulmanos que caíram nas mãos dos cristãos, alguns se refugiaram em Granada, enquanto outros emigraram, principalmente para a Tunísia. A maior parte da antiga população arabizada e islamizada de al-Andalus permaneceu no lugar, conservando sua religião, sua língua e seu gênero de vida: foram os mudéjares, que perpetuaram em terra cristã a civilização e a arte árabe-islâmica.

Apenas o reino nasrida permanecia independente — até seu desaparecimento, em 1492 — e mais florescente, porque tinha acolhido grande quantidade de muçulmanos de todas as províncias, que vieram aumentar o número de artesãos nas cidades e de agricultores nos campos. Apesar das incursões periódicas tanto dos exércitos muçulmanos quanto dos cristãos, esse reino teve longos momentos de paz, sobretudo na segunda metade do século XIV, quando foram construídas diversas partes do célebre Alhambra, palácio tipicamente muçulmano cuja decoração pomposa constitui, graças à sua perfeição técnica e estética, um dos pontos mais altos da arte islâmica. Depois de agressões recíprocas, uma ofensiva, lançada pelo rei no século XV, teve como consequência um esforço de reconquista cristã que terminou com a tomada da

HISTÓRIA DO POVO ÁRABE | 95

cidade. O tratado assinado, então, concedia certas garantias aos vencidos. Mas essa política de tolerância foi de curta duração; na verdade, numerosos muçulmanos foram forçados a se converter ao cristianismo, motins estouraram, e, em 1502, a antiga população só podia escolher entre o batismo e a emigração para a África. Muitos preferiram o exílio, e não restaram mais muçulmanos, "mouros", no reino de Granada, mas apenas os convertidos, que foram chamados de "mouriscos". Pouco depois, medidas semelhantes foram tomadas contra os "mudéjares" que viviam em outras partes da Península Ibérica, onde o uso da língua árabe bem como o de nomes árabes foi proibido. Era o fim da Espanha muçulmana arabizada. Um século mais tarde, os mouriscos que, embora observando os ritos cristãos, tinham conservado sua fé e formavam comunidades distintas foram expulsos, unindo-se aos muçulmanos da África.

4. A herança árabe no Ocidente

Apesar da reconquista militar, política e religiosa, a Espanha conservou a marca da civilização árabe-islâmica que aí floresceu durante muito tempo. Não são apenas topônimos ou palavras do vocabulário corrente que, com frequência, revelam uma origem árabe, mas também termos que designam certas instituições urbanas, como *zalmedina* (governador), *alcalde'* (prefeito), ou *almustacen* (controlador de mercados), para citar apenas alguns exemplos. Isso é, sem dúvida, resultado da unificação de modos de vida, principalmente no nível das cortes principescas, que se fez sentir durante todo o período em que os régulos muçulmanos estiveram em relação com os reis cristãos aos quais frequentemente eram levados a pagar tributo. Os entretenimentos que envolviam canto e música, tão apreciados em todo al-Andalus, foram imitados e praticados no meio cristão; por esse viés, os costumes árabes exerceram certa influência sobre a arte dos trovadores, cujas concepções de amor cortês parecem, no entanto, ter um vínculo muito remoto com as ideias professadas pelos autores muçulmanos.

A literatura muçulmana propriamente religiosa não podia encontrar verdadeiro eco na Espanha cristã, com exceção, talvez, de certos tratados sufistas que os místicos cristãos tinham conhecido e apreciado. Mas, no domínio da filosofia, da ciência e da literatura popular, o país recolheu a herança árabe-muçulmana, ilustrada, nos séculos XI e XII, por autores tão renomados como Ibn Bâja e Ibn Rushd, mais conhecidos (no Ocidente) com os nomes de Avenpace e de Averróis. No século XII, as principais obras árabes de filósofos ocidentais, mas também orientais, foram traduzidas para o latim pela escola de tradutores reunida em Toledo pelo arcebispo Raymond, o que permitiu aos teólogos cristãos familiarizarem-se tanto com as doutrinas dos pensadores da Antiguidade como com as do islã, e utilizar, se necessário, os métodos de raciocínio desenvolvidos por eles. Assim foram traduzidos tratados científicos árabes, que apresentaram ao mundo ocidental os trabalhos dos sábios muçulmanos. No século XIII, principalmente no tempo do rei Alfonso X, que se interessava particularmente pela cultura árabe, apareceu uma literatura de máximas morais ou filosóficas cujas fontes islâmicas são inegáveis. A narrativa popular da ascensão de Maomé, o *Kitâb-al-m'râj*, foi traduzida

HISTÓRIA DO POVO ÁRABE | 97

para o espanhol na mesma época, o que explica as analogias depois encontradas entre este texto e A divina comédia de Dante. Mas foi talvez no domínio da arte e da arquitetura que a influência árabe se mostrou mais notável. A arte chamada mudéjar caracterizou monumentos cristãos ou judeus realizados por artistas muçulmanos (conventos, igrejas, sinagogas e palácios dos séculos XIII e XIV); e numa época posterior, sob os Reis Católicos, viu-se ainda esse estilo mudéjar, ligado, com maior ou menor propriedade, aos estilos que apareceram então na Espanha, assegurando a expansão da arte hispano-mourisca além das fronteiras do antigo mundo árabe.

Essa propagação de arte e cultura se exerceu por intermédio da Espanha e também da Sicília, onde numerosos muçulmanos permaneceram depois da reconquista cristã, e onde foram apreciados pelos reis normandos pelo refinamento de seus costumes e de sua cultura. Por sugestão de Roger II, al-Idrîsi[7] mandou fazer um planisfério em prata, e escreveu seu grande trabalho de geografia, que continha todos os conhecimentos existentes até então sobre o mundo habitado. Durante quase um século a corte de Palermo viveu à moda oriental em todas as suas atividades, inclusive na organização de seus serviços governamentais; os reis acrescentaram títulos árabes aos seus nomes ocidentais — como al-Mu'tazz bi-llah para Roger II —, recorrendo aos serviços de arquitetos e de artistas muçulmanos aos quais confiavam a construção e a decoração de seus palácios, mandando confeccionar vestimentas de cerimônia

---

[7] Cartógrafo árabe da Idade Média, famoso pela qualidade de seus mapas, tanto no desempenho quanto na precisão. (N. da R.)

segundo o costume islâmico em suas oficinas e redigir diplomas nas duas línguas utilizadas por eles. É difícil saber exatamente quais obras filosóficas, científicas ou literárias árabes foram então transmitidas à Europa por esse canal; mas é certo que o sincretismo cultural de que a Sicília foi sede durante muitas décadas deixou marcas importantes. É notável a presença dessa influência na época de Frederico II, que, entretanto, no início do século XIII, decidiu tirar dos muçulmanos todo papel político — o que levou a maioria deles a trocar a ilha por Magrebe, Egito ou Espanha; mas esse rei não deixou de se mostrar grande admirador do pensamento árabe-islâmico e de obras cuja tradução encorajou, com risco de ser considerado herege num país cristão.

Assim, na herança deixada à Europa, afirmava-se a vitalidade de um mundo árabe-islâmico do Ocidente cuja cultura tradicional se perpetuou, por outro lado, em um Magrebe berbere profundamente arabizado. Entretanto, não devem ser limitadas a um capítulo essas manifestações da história dos árabes que, na África negra, se escreveu ainda pela progressão de um islã e de uma cultura árabe dos quais esses mesmos berberes se mostraram os mais ardentes propagandistas: eles trabalharam principalmente ao sul do Magrebe, enquanto a região do Chade era islamizada, no século XI, por árabes vindos do Egito, e o Sudão era objeto de expedições militares mais lentas. A partir desses esforços diversos, apareceram logo, em Tombuctu e nas margens do Níger, centros intelectuais onde, sob a direção de sábios magrebinos, estudavam-se obras árabes que tratavam sobretudo das ciências religiosas. Seu desenvolvimento se manifestou em regiões nas

HISTÓRIA DO POVO ÁRABE | 99

quais os próprios árabes desempenharam um papel bem limitado, enquanto no lado oriental da África a penetração de
comerciantes muçulmanos se traduzia por uma islamização
de caráter diferente. Era o nascimento de comunidades essencialmente locais e pouco arabizadas que, do outro lado
do oceano Índico, correspondiam àquelas que os laços comerciais tinham originado, da mesma maneira, nos países da
Indonésia e do Extremo Oriente, refratários a qualquer verdadeira arabização.

Capítulo VI
Árabes, Turcos e Mongóis no Oriente

1. Seljúcidas e pós-seljúcidas

Enquanto no Ocidente muçulmano do século XI os berberes se contentavam com um papel geopolítico cada vez maior, prevalecendo-se sempre de arabismo, no Oriente, a partir da mesma época, os árabes tiveram que enfrentar uma sucessão de perturbações políticas e étnicas que introduziram entre eles elementos turcos e mongóis cada vez mais numerosos e que puseram em questão o equilíbrio anterior do Império nessas regiões.

A primeira etapa dessa transformação correspondeu à irrupção — de início em Transoxiana, depois no Khorasan — de bandos turcos da tribo Oghuzz dirigidos pelo clã Seldjuce, que parece terem sido rechaçados da Ásia Central pelo contragolpe de acontecimentos sobrevindos da China. Vimos que por volta do ano 1000 os seljúcidas se confrontaram com os ghaznevidas, instalados no Khorasan pouco depois, mas querendo se opor a seu avanço em território muçulmano: o exército ghaznevida, pesadamente equipado, não pôde resistir aos novos invasores, cuja ligeireza e mobilidade os tornavam inimigos formidáveis.

Entre 1030 e 1050, os seljúcidas tomaram posse de diversas cidades do Irã Oriental, depois do Irã Ocidental, onde se chocaram com os buyidas, e em 1055 Tughril beg entrava em Bagdá, onde o califa lhe outorgou o título de "sultão". Chamado — ou não — pelo califa ou por seu vizir, ele delegou a si próprio o conjunto de poderes califianos e tornou-se chefe de uma organização estatal cuja finalidade era não destruir, mas anexar, continuando a reconhecer a autoridade nominal de seu antigo chefe. Justificava seu empreendimento declarando que vinha liberar o califa da dominação dos heréticos (principalmente dos emires buyidas, xiitas imanitas), combater o regime fatímida ismailiano que dominava a Síria e o Egito, reabrir a todos o caminho da Peregrinação a Meca. Apresentava-se, pois, como muçulmano defensor do califado abássida e do sunismo.

O regime instaurado pelos sultões seljúcidas — primeiro Tughril beg, depois seu sobrinho Alp Arslan e o filho deste, Malik Shâh — foi um regime militar que se apoiava em forças armadas turcas e dirigido — o que era novo no mundo islâmico — por chefes turcos em pessoa. Os soldados, que não mais eram mercenários como no tempo dos califas abássidas, constituíram um novo elemento de população, que, entretanto, não procurava, pelo menos no início, misturar-se com os outros habitantes. Os sultões, de quem dependiam diretamente, souberam cercar-se de administradores hábeis, geralmente iranianos, que, assim como o famoso Nizâm al-Mulk, mantiveram as tradições precedentes adaptando as regras do estatuto das terras às exigências do novo regime,

HISTÓRIA DO POVO ÁRABE | 103

e assim fizeram nascer uma espécie de feudalismo em que as rendas dos chefes turcos eram estabelecidas sobre os domínios que lhes eram destinados.

Nesse novo clima situaram-se as proezas militares dos seljúcidas, que se apossaram da Síria, invadindo e conquistando a Ásia Menor, onde os grupos de turcomanos tinham começado a se infiltrar. Mas tem-se de considerar também a sua obra cultural, na medida em que os vizires, cuidando da formação dos homens de religião e dos administradores do novo estado, organizaram colégios oficiais chamados *madrasa*, cujos professores eram remunerados com rendas especialmente destinadas a esses estabelecimentos, que também cobriam os gastos com os estudantes. Os seljúcidas e seus auxiliares, para assegurar a manutenção do ensino religioso em árabe, intervieram na orientação da doutrina islâmica nomeando, nessas novas *madrasas*, professores que pertenciam à escola jurídica shafita e que geralmente aderiam à escola teológica asharita. Desse modo, favoreceram a difusão de uma doutrina teológica um pouco diferente daquela que os califas apoiavam, o que não aconteceu sem incidentes, às vezes violentos, na cidade de Bagdá, aonde os sultões iam uma vez ou outra, mas não residiam permanentemente, visto que tinham escolhido Isfahan como capital. Esses pontos de divergência não impediram as *madrasas* seljúcidas de serem, ao mesmo tempo, centros de arabização e órgãos de doutrinação sunita, desempenhando, assim, um papel importante na luta contra a heresia sob suas diversas formas xiitas.

Os seljúcidas tentaram fazer um trabalho semelhante na Anatólia, enquanto a população autóctone, à qual se uniram

104 | DOMINIQUE SOURDEL

pouco a pouco elementos turcos, convertia-se ao islã e adotava a língua turca, sofrendo os efeitos de uma influência ao mesmo tempo iraniana e árabe. As *madrasas* criadas nas grandes cidades, principalmente em Konya, difundiam um ensino jurídico e religioso também em árabe, única língua utilizada para tratar das ciências doutrinais. Também em árabe eram redigidas as inscrições que, ainda hoje, enfeitam os monumentos erigidos nessa época, e a conquista da Ásia Menor se traduzia por uma inegável influência do árabe sobre a língua turca, que, para elevar-se ao nível de língua de civilização, deve tomar empréstimos da língua erudita dos pensadores muçulmanos. A influência do árabe afirmava-se mais fortemente na Anatólia que nos países iranianos, onde lhe escaparam, pouco a pouco, todos os domínios, com exceção do das ciências religiosas: a redação em árabe de obras tão importantes como as do grande Ghazali (morto em 1111 em Tus) não impediu, no Oriente do mundo islâmico, um renascimento ativo do persa, utilizado daí em diante para a poesia épica e para a prosa profana. A repercussão dessas transformações linguísticas alcançaria até mesmo regiões arabófanas onde vivia uma aristocracia militar recém-arabizada, que tinha poucos pontos de contato com os meios tradicionais de homens de religião e de administradores saídos das antigas famílias, de que usava os serviços ao máximo.

O Império vasto, heterogêneo e mal centralizado que os sultões seljúcidas conseguiram constituir não demorou a se desmembrar. Depois da morte de Malik Shah, em 1092, formaram-se principados independentes, alguns dos quais

estavam nas mãos de filhos ou parentes dos sultões mortos.
Assim o Iraque como o Irã Ocidental couberam a Barkyârûk,
enquanto a Síria voltava a um irmão de Malik Shah, logo
substituído em Alepo e Damasco por seus próprios filhos e
outros soberanos locais, tudo em meio a revoltas e, depois,
a lutas pelo poder. Regiões como a Alta Mesopotâmia, que
caiu nas mãos dos artuquidas, eram abandonadas aos aca-
sos da guerra segundo o êxito de pequenas dinastias que
estabeleciam seu poder pela força, nem sempre respeitando
a fantasia que faziam deles subordinados dos príncipes seljúcidas. Foi sem dúvida na Anatólia que a anarquia atingiu
o máximo, antes que se esboçasse o poder crescente de um
ramo da família seljúcida, a dos chamados Rum, enquanto
o Iraque e o conjunto sírio-egípcio seguiam caminhos um
pouco diferentes.

No Iraque, realmente, o poder dos sultões declinou em
proveito de um renascimento temporário do poder abássida,
graças à política tradicional de califas que se dedicavam a
reorganizar o país, mas que, acima de tudo, queriam revi-
talizar um patrimônio cultural simultaneamente islâmico e
árabe. O famoso soberano al-Nasir, que reinou de 1180 a
1225, tentou restabelecer a unidade moral dos territórios
onde sua autoridade, um tanto fictícia, era ainda reconhecida, e sua ação, reforçada de início pela de seus sucessores,
só foi aniquilada pela invasão mongol de 1260.

Em compensação, a Síria era campo de numerosas competições
interiores, agravadas, com certeza, pelos empreendimentos
europeus das Cruzadas, mas revelando sobretudo a inquietação

profunda do país depois que sua população "árabe" foi reduzida a objeto de disputa de chefes militares, quase sempre muçulmanos, mas sempre não árabes. Consequência imprevista de ataques turcomanos e da partilha do país feita pelos novos invasores, em 1099 Jerusalém foi ocupada pelos francos, que, depois de constituir mais ao norte o condado de Edessa, o principado de Antióquia e o reino de Trípoli, faziam dela a capital de um novo reino. Quatro estados francos nasceram assim sobre um território em que a reação muçulmana se mostrou lenta. Os senhores turcos dos principados da Síria e da Alta Mesopotâmia eram profundamente separados por suas ambições pessoais, e reinavam em um país dividido em todos os planos, e no qual partidários ismailianos conseguiram implantar uma rede de poderosas fortalezas. Entre eles, os príncipes de linhagem seljúcida não tardaram a desaparecer, substituídos por oficiais turcos de seu círculo. Em seguida, Zengi, o filho de um antigo governador de Malik Shâh, tomou Mossul e Alepo, depois de muitas peripécias, enquanto os emires buridas reinavam em Damasco. Em 1144, Zengi, considerado o primeiro campeão da "guerra santa", conseguiu tomar a cidade de Edessa e assim anexar um dos estados francos, mas tentou, sem sucesso, impor sua autoridade à cidade de Damasco. A seu filho e sucessor Nûr al-dîn, que reinou de 1146 a 1174, foi reservado concluir a unificação da Síria (ocupação de Damasco em 1154), ao mesmo tempo em que era realizada uma vasta operação de "contracruzada", apoiada em uma ideologia simultaneamente árabe e islâmica.

Nûr al-dîn conseguiu tomar a cidade de Apaméa na Síria Central. Por outro lado, mobilizou a opinião muçulmana

HISTÓRIA DO POVO ÁRABE | 107

combatendo vigorosamente as heresias, protegendo os homens piedosos e multiplicando as *madrasas* encarregadas de difundir a boa doutrina. Seu cuidado em revivificar as ciências religiosas foi acompanhado de uma renovação da cultura árabe, e ele era bem visto nos meios sírios, onde fazia reinar enfim uma justiça estrita, prevendo a defesa das pessoas contra os abusos da soldadesca. A ideia essencial de sua política era convidar os representantes das principais tendências do sunismo a se unir para a defesa do islã; e ele próprio tomou como objetivo lutar contra os francos segundo os princípios da "guerra santa", visando mais particularmente à conquista de Jerusalém, cujos méritos eram exaltados pelos doutores, mas que ele não teve a satisfação de retomar.

Ao mesmo tempo, o regime árabe heterodoxo que os fatímidas tinham estabelecido no Egito, e que por muito tempo foi apresentado como o protetor de uma civilização árabe-islâmica particularmente refinada, continuava a se enfraquecer nas desordens internas: os califas tinham perdido toda autoridade, e os vizires que se sucederam tinham que combater o mal maior — as dissensões que opunham entre si os diversos corpos da guarda do califa —, até que, em 1161, o novo rei de Jerusalém ordenou uma incursão ao Egito. Para Nûr al-dîn, a quem um dos vizires fatímidas tinha pedido socorro, foi a ocasião de intervir, por sua vez, no Egito, para onde enviou um oficial curdo chamado Shîrkûh, acompanhado de seu sobrinho Salâh al-dîn. A partir de 1169, Shîrkûh se fez reconhecer como vizir pelo califa. Pouco depois,

Salâh al-dîn, mais conhecido pelos historiadores ocidentais pelo nome de Saladino, substituiu seu tio, que acabava de morrer, mandou exterminar os guardas negros, eliminar os soldados armênios, e só conservou os mercenários turcos, graças aos quais caçou os francos de Damiette, onde eles tinham voltado a se infiltrar. Tornando-se o único chefe, em setembro de 1171 pôs fim ao regime fatímida, reconhecendo como suseranos apenas Nûr al-dîn e o califa abássida de Bagdá. Era um grande sucesso para Saladino, mas também para Nûr al-dîn, que reclamou novos títulos da chancelaria do califa; tinha-se igualmente de vencer uma etapa na luta contra os estados francos, que daí em diante iam ser confrontados com os estados muçulmanos unificados da Síria e do Egito.

Saladino, que sucedeu a Nûr al-dîn em 1174, prosseguiu com a política religiosa, cultural e militar de seu antigo mestre. Exaltou também o espírito de "guerra santa" apoiando-se nos meios árabes tradicionalistas e, em 1187, conseguiu retomar a cidade de Jerusalém com a quase totalidade dos territórios ocupados pelos francos. A "contracruzada" triunfava, de modo provisório, visto que os francos voltaram à carga, tendo sido expulsos definitivamente da Síria apenas no fim do século XIII. Mas a dinastia fundada por Saladino e denominada aiúbida (do nome do seu pai, Ayyûb) dominava o Egito e a Síria, onde seus membros, mais ou menos divididos, reinaram até 1250-1260. Dinastia não árabe — visto que Saladino era de origem curda, e seu exército, essencialmente estrangeiro, compreendia contingentes curdos e turcos —, ela adotou a causa do país onde estava implantada, tomando nas mãos, com sucesso, o destino das populações arábe-muçulmanas do Oriente Próximo, defendendo seus direitos contra os francos e desenvolvendo o ensino da doutrina islâmica ao continuar a pendê-la juridicamente no sentido do shafiísmo (uma das quatro escolas jurídicas do islã sunita), que os sultões seljúci-das já tinham sustentado. Com relação aos francos, os suces-sores de Saladino praticaram uma política menos agressiva, visto que, em 1229, aceitaram restituir Jerusalém. Por outro lado, buscando deliberadamente melhorar a situação econô-mica e facilitar o intercâmbio com os mercadores europeus, eles fizeram da época aiúbida na Síria e no Egito um período cuja grande prosperidade se traduziu pela atividade de constru-ção urbana e pelo brilho de uma vida literária e intelectual de expressão unicamente árabe. A reação aos ataques dos cru-zados teve, como resultado, reforçar no Oriente a adesão das populações à dupla tradição do arabismo e do islamismo.

2. Mongóis e mamelucos

Outras invasões estrangeiras, de consequências mais durá-veis que a ocupação franca, estavam presentes a leste do mundo islâmico onde acentuavam um efeito contrário, o processo de "desarabização". Em 1258, a cidade de Bagdá foi saqueada por hordas mongóis que tinham começado a penetrar no Irã no início do século XIII, depois de terem invadido a China, no tempo de Gengis Khan, entre 1211 e 1222, e, depois, a Transoxiana e o Irã. Hulagu, o irmão de seu chefe e grande Khan Mönke, continuou o movimento de conquista para o oeste. Invadiu o Iraque, depois a Síria, onde, em 1260, Alepo e Damasco tiveram um destino análogo ao de Bagdá, mas que se deteve às portas do Egito, diante de uma reação militar enérgica que lhe impediu o acesso ao país e assegurou a tomada do poder por uma nova classe dirigente.

No todo, a invasão mongol abalou consideravelmente o mundo oriental com as destruições que a acompanharam e os golpes que suas primeiras vitórias provocaram no poderio do islã. Os mongóis realmente não estavam islamizados; xamanistas na origem, se mostraram tolerantes em relação à religião, o que permitiu ao cristianismo nestoriano e ao budismo fazer adeptos entre eles, em concorrência com o islã. Por outro lado, tendo Hülagü mandado executar o califa abássida de Bagdá, os mongóis penetraram no Império como conquistadores hostis e não como protetores (como os seljúcidas). Porém, esses mesmos mongóis se islamizaram e se integraram bem rapidamente a esse mundo que em parte tinham saqueado, a ponto de constituir, sob o nome de Ilkans, uma nova dinastia muçulmana. Mas a invasão mongol destruiu definitivamente a unidade cultural e religiosa do mundo árabe-islâmico, já muito comprometida. Daí por diante, três áreas culturais se distinguiram, conservando entre si alguns laços: uma área iraniana prolongada por uma área indiana, uma área turca na qual as conquistas otomanas ligaram por algum tempo muitas populações antigamente arabizadas, e uma área árabe propriamente dita.

HISTÓRIA DO POVO ÁRABE | 111

Esta ficou reduzida às regiões em que toda a população continuava a "*falar árabe*" e a utilizá-lo para qualquer expressão literária, profana ou religiosa. Nas outras áreas o árabe, que sempre serviu de veículo para uma parte importante da literatura religiosa, apagou-se diante das línguas próprias dos novos ambientes, de forma que estas se individualizaram, e seus limites não coincidiam com as fronteiras dos Impérios nem dos novos estados.

Os mongóis, por exemplo, detidos na fronteira do Egito pelos mamelucos, que tinham tomado o poder nesse país desde 1250, jamais ultrapassaram essa fronteira; o Iraque arabófono tornou-se, consequentemente, um domínio não árabe, o dos ilkans a princípio, depois, a partir de 1375, dos djalaridas. Depois da incursão de Tamerlão — o novo invasor que saqueou Bagdá em 1401 —, o país conheceu, por um século, um período de anarquia política e de declínio econômico, durante o qual foi disputado por mongóis e turcomanos; entre estes estavam os akkoyunlu, que, em 1468, chegaram a se estabelecer solidamente ali, até serem banidos pelos sefávidas, em 1508. Assim, durante todo esse tempo, o Iraque foi praticamente ligado ao conjunto iraniano, preservando seus estreitos laços culturais com o arabismo.

Quanto ao estado dos mamelucos, mais a oeste, estava nas mãos dos escravos turcos que detinham no Egito a força armada desde que o soberano aiúbida al-Salih os recrutou para resistir aos ataques dos cruzados conduzidos por Luís IX. Quando esses "escravos" reivindicaram o poder para si mesmos, escolhendo chefes entre eles, constituiu-se um regime original, que repousava sobre uma estrita organização militar e não deixava responsabilidade de direção à população profundamente arabizada do país. Tal sistema governamental foi aceito com alguma dificuldade, mas os êxitos obtidos sobre os mongóis rapidamente reforçaram seu prestígio e permitiram sua extensão à Síria. O primeiro sultão mameluco de real envergadura, Baybars, teve, além disso, a inteligência de acolher, no Cairo, em 1261, um membro da família abássida que ele reconheceu como califa e cuja autoridade, até certo ponto fictícia, era suficiente para legitimar o poder exercido de fato pelos sultões. Daí por diante o Egito se tornou o centro não só do mundo árabe, mas também, de certo modo, do mundo islâmico. Logo, os sultões mamelucos tomaram o cuidado de proteger as cidades santas da Arábia controladas por eles.

Os mamelucos, que tinham rechaçado os mongóis duas vezes, eliminaram em seguida os francos da costa sírio-palestina, tomando-lhes Acre em 1291. Obtiveram assim a submissão dos ismailianos em 1269, assegurando o triunfo do sunismo nos dois reinos em que seu poder se manteve até a conquista otomana em 1517. Durante todo esse período sucederam-se os soberanos de origem servil, e a aristocracia mameluca não parou de se renovar pela compra de novos escravos a quem estavam reservados os mais altos cargos, enquanto os descendentes dos mamelucos eram sistematicamente rebaixados às funções inferiores. Se entre 1250 e 1390 os mamelucos chamados bahritas (porque eram aquartelados originariamente numa ilha do Nilo, o "rio", ou *bahr*) admitiam o princípio de uma sucessão hereditária que, aliás, nem sempre era

HISTÓRIA DO POVO ÁRABE | 113

considerada, os do segundo período (1389-1517), chamados burdjitas, porque eram aquartelados na "cidadela" ou *burdj*, excluíram sistematicamente essa prática. Assim, durante mais de dois séculos, estrangeiros de origem qipchak, em sua maioria, depois circassiana, chegaram aos mais altos postos, governando de modo às vezes arbitrário e envolvendo-se nas mais violentas e cruéis lutas. Como todos os chefes militares, eles tiveram recurso a administradores árabes, de origem local e formação tradicional, mas, na vida social, sempre foi cuidadosamente mantida a distância entre a casta militar e o restante da população. Aos "homens de espada" opuseram-se mais do que nunca os "homens da pena", que compreendiam secretários, juristas ou magistrados, enquanto comerciantes e artesãos formavam uma categoria social inferior e os grandes negociantes transitavam entre esses diversos meios.

O regime mameluco favoreceu o comércio internacional, cujas rotas atravessavam o Egito e eram uma fonte de riqueza. A prosperidade dos primeiros tempos traduziu-se em numerosas construções — mesquitas, *madrasas*, hospitais, conventos ou mausoléus —, que constituíram o ornamento da cidade antiga do Cairo. Mas não tardaram a surgir dificuldades econômicas cuja origem é duvidosa. Embora seja frequente incriminar os gostos faustosos da aristocracia militar, a fiscalização excessiva e a prática de confiscos, a realidade parece mais complexa. A invasão de Tamerlão, que saqueou Damasco e a Síria em 1400, teve graves consequências financeiras e econômicas, às quais se acrescentaram a escassez e as epidemias. As tentativas feitas pelos sultões para

114 | Dominique Sourdel

monopolizar certas produções e certos ramos do comércio apenas agravaram o mal, e a descoberta do caminho das Índias em 1498 veio acentuar ainda mais o declínio econômico do Egito, que abandonou o comércio internacional. Mas nem por isso a vida intelectual estava morta, ainda que as belas-letras propriamente ditas não produzissem obras marcantes; enciclopédias monumentais que tratavam de todos os aspectos do saber datam especialmente dessa época em que a ciência livresca era cercada de consideração e na qual se distinguiam igualmente alguns espíritos originais, como o teólogo sírio Ibu Taymiyya, contemporâneo do ocidental Ibn Khaldûn.

O equilíbrio assim estabelecido foi brutalmente modificado em 1517, época da conquista da Síria e do Egito pelos otomanos, que fez desaparecer o califado abássida e até a instituição califiana. A tradição segundo a qual o sultão Selim I quis receber essa herança islâmica — tradição tardia e, por isso, pouco confiável — não impediu que, por quatro séculos, o Oriente árabe tivesse vivido sob o domínio do estado turco otomano, diante do qual o estado mameluco parecia até mesmo defensor da causa árabe.

Essa dominação estrangeira se estendeu, no fim do século, à maior parte do Ocidente muçulmano, onde os hafsidas, não podendo enfrentar os ataques dos corsários turcos que se haviam instalado na Argélia, nem os de Carlos V, em 1574, deixaram o Magrebe central e oriental cair sob o controle dos otomanos. Só o Marrocos conservou, portanto, sua independência, e afirmou uma originalidade nacional

História do povo árabe | 115

reivindicando o arabismo, sobretudo nos domínios político e artístico, enquanto regiões árabes submetidas à autoridade turca conheciam uma estagnação, tanto econômica como intelectual, da qual só sairiam no século XIX. Eles sofreram então os efeitos de uma investida comercial europeia que ia crescendo a partir do momento em que, graças aos acordos chamados "capitulações" feitos com o Império Otomano, os ocidentais obtiveram vantagens que antes não tinham os cristãos estrangeiros. Mas seu empobrecimento sensível era acompanhado de uma paralisia intelectual que continuou até a aurora do mundo moderno.

CAPÍTULO VII

O RENASCIMENTO DO MUNDO ÁRABE NOS SÉCULOS XIX E XX

No final do século XVIII, o mundo árabe reduzido, no ambiente do mundo islâmico, aos territórios de expressão árabe, que compreendiam Turquia, Irã e ainda outros, estendia-se do Iraque ao Marrocos, englobando o próprio Iraque e a Alta Mesopotâmia, a Síria no sentido medieval do termo[8] (inclui os territórios que formam vários estados: Líbano, Palestina, Israel), a Arábia, o Egito, a Tripolitânia, a Tunísia, a regência da Argélia, o Marrocos. De todos esses territórios, é bom lembrar, só o estado marroquino se situava fora dos limites do Império otomano de que os outros dependiam, diretamente ou não. O bei da Argélia, o bei de Túnis e o governador da Líbia gozavam, por certo, de uma relativa autonomia, mas governavam com a ajuda da aristocracia turca a que pertenciam. No Egito, os descendentes dos mamelucos estavam agora subordinados ao sultão de Istambul. Síria e Iraque eram províncias do Império tão mais ligadas ao poder central que aí malograram diversas rebeliões locais, como a do emir druso Fakhr al-dîn no sul do Líbano, no século XVII. Na

---

[8] Refere-se à expansão islâmica. *(N. da R.)*

118 | DOMINIQUE SOURDEL

Arábia, ao contrário, as dinastias que estavam à frente dos diversos principados do país davam prova de certa independência, a começar pelos xerifes de Meca, que exerciam hereditariamente seu poder desde o século XIII, e pelos Al Sa'ûd que, em meados do século XVIII, tinham adotado a doutrina wahhabita, em oposição mais ou menos aberta ao regime otomano de inspiração hanafita. Pouco a pouco, os Al Sa'ûd chegaram a contestar a autoridade do sultão e a enviar expedições contra o Iraque, depois contra a Síria, que invadiram em 1811 depois de terem ocupado Medina e Meca.

Esse mundo árabe onde a vida intelectual, há quase três séculos, se resumia em comentar as doutrinas antigas possuía, então, só uma frágil elite de letrados capazes de utilizar a língua literária. Os falares populares variavam de um extremo ao outro, enquanto subsistiam aqui e ali grupos não arabizados, como os berberes, que eram numerosos sobretudo no Marrocos e na Argélia. Em compensação, comunidades não muçulmanas, judias, e sobretudo cristãs (estas pertencentes aos diversos "ritos" orientais, alguns dos quais eram ligados a Roma, fosse desde uma época antiga, como os maronitas, fosse de uma época mais recente), mantinham-se nos países do Oriente que usavam o árabe como língua corrente e como língua de cultura.

Para esse mundo árabe paralisado, onde as técnicas medievais praticamente não evoluíram, o século XIX marcou um despertar e uma mudança. A expedição de Bonaparte ao Egito constituiu, sem dúvida, em relação a isso, o acontecimento decisivo, o que levou esses países a um contato brutal com modos de pensar e de agir totalmente diferentes.

HISTÓRIA DO POVO ÁRABE | 119

Mas a influência europeia se fez sentir também por meio do estado otomano, que executou então a série de reformas que se chama *Tanzimât* e que, inspirada em parte pelo exemplo europeu, chegou às províncias árabes. Então se introduziram no Oriente Médio técnicas europeias com estradas, vias férreas, a escavação do canal de Suez em 1869. Nessa época a penetração cultural estrangeira se intensificou, graças às missões católicas e protestantes, e particularmente aos jesuítas franceses e aos presbiterianos americanos, que fundaram escolas no Líbano e na Síria, bem como estabelecimentos de ensino superior (Universidade São José de Beirute em 1875, Colégio Sírio-Protestante, futura Universidade Americana, em 1866) e gráficas, que ajudavam a difusão de livros árabes. Ainda no século XIX se situaram as intervenções militares europeias. Depois da expedição ao Egito, a França conquistou a Argélia em 1830 e impôs seu protetorado à Tunísia em 1881, enquanto a Grã-Bretanha ocupava militarmente o Egito em 1882. No início do século XX, a França estendeu sua influência ao Marrocos (1912), a Espanha, ao Marrocos Setentrional (1912), e a Itália, à Líbia (1913).

A essa invasão militar, econômica e cultural da Europa, o mundo árabe reagiu adotando certos hábitos que causariam profundas transformações, mas também opondo a certas ingerências externas a consciência de sua originalidade. Houve tensões no Oriente, no interior do Império otomano. No Ocidente, as intervenções, sobretudo francesas, que se manifestaram, como na Argélia, por um ativo esforço de colonização, traduziram-se por um crescimento econômico indiscutível e um desenvolvimento cultural fundado no ensino da língua francesa. O árabe ficou em segundo plano nessa transformação, mas a difusão de um ideal de liberdade tornou-se em parte integrante da civilização francesa, e, junto ao choque inevitável provocado pela política de afrancesamento, favoreceu a formação de movimentos árabes nacionalistas que, por serem lentos, só se cristalizariam em meados do século seguinte.

1. O Egito até 1882

Muito antes, no Egito e na Síria, as reações arábe-muçulmanas foram as mais típicas e importantes. No Egito, a expedição de Bonaparte teve como efeito eliminar a aristocracia dos mamelucos e deixar o campo livre ao oficial otomano de origem albanesa Méhémet Ali, que é considerado, com razão, o fundador do Egito moderno. Realmente, Méhémet Ali foi levado, por ambição pessoal, a reorganizar o exército seguindo o modelo europeu; ele se esforçou também para desenvolver a indústria e a agricultura do país adotando métodos ocidentais, e, ainda que nem sempre tenha obtido os resultados pretendidos, transformou consideravelmente o modo de vida dos egípcios, fazendo-os romper com os antigos hábitos "feudais".

Méhémet Ali agiu a princípio como vassalo da Sublime Porta.[9] Por essa razão, por volta de 1811, organizou uma expedição

---

[9] Designação dada ao Império Otomano. *(N. da R.)*

HISTÓRIA DO POVO ÁRABE | 121

contra os wahhabitas da Arábia Central, que ele expulsou das cidades santas, e participou da guerra contra os rebeldes gregos. Mas foi por sua própria conta que empreendeu a conquista do Sudão entre 1820 e 1823, e depois disso, confiante em sua força militar, quis ir mais longe e conquistar a Síria. As campanhas de 1831-1832, conduzidas por seu filho Ibraim, permitiram-lhe reconstituir por algum tempo a união do Egito e da Síria (1830-1840). A ação da diplomacia europeia somada ao efeito das extorsões cometidas durante a conquista obrigou-o a limitar suas ambições e a se contentar com o governo do Egito a título hereditário.

Méhémet Ali havia trabalhado principalmente pela independência do Egito, cujos laços com o poder otomano afrouxou, e chegou a separar, momentaneamente, a Síria árabe do Império otomano, o que favoreceu certas tentativas europeias de penetração. Assim chegou a pôr os países árabes no caminho da independência. Seu neto Ismâ'îl, que obteve da Porta, em 1863, o título honorífico de quediva,[10] prosseguiu o trabalho de modernização técnica à qual se dedicara seu predecessor, engrandecendo especialmente a cidade do Cairo, abrindo o canal de Suez e fundando uma nova universidade (*Dar al-ûlûm*) em 1872. Mas seus projetos muito aventureiros fizeram-no endividar-se junto às potências ocidentais, fato que levou ao condomínio franco-inglês, à deposição do quediva (1879), à revolta militar nacionalista de 'Urabi paxá (1882) e à ocupação do Egito pela Grã-Bretanha.

---

[10] Título de vice-rei conferido pelo Império Otomano. *(N. da R.)*

2. O Oriente Próximo árabe até 1908

A Síria tinha sido, exceto durante os anos 1830-1840, parte integrante do Império Otomano, do qual constituía muitas províncias. Apesar da multiplicidade de suas comunidades religiosas, muçulmanos (sunitas, xiitas, drusos) e não muçulmanos (cristãos de diversos ritos, judeus), a Porta tinha tentado centralizar a administração conforme o modelo europeu, ao mesmo tempo em que era proclamada, em 1856, a igualdade legal e fiscal entre todos os súditos. Mas essas medidas não conseguiram, de modo nenhum, integrar os árabes ao Império otomano. Pelo contrário, e apesar dos massacres dos cristãos maronitas perpetrados pelos drusos no Líbano e em Damasco — massacres que provocaram a intervenção francesa em 1860 e obrigaram a Porta a conceder um estatuto especial à região do monte Líbano —, um sentimento árabe comum começou a se desenvolver entre os sírios, fossem eles muçulmanos ou cristãos. O papel desempenhado por esses últimos no nascimento do nacionalismo árabe explica-se em parte pelo nível cultural elevado a que chegaram; a cristãos como Nasîf Yâziji ou Butrus Bustâni é que se devem os primeiros manuais impressos sobre a língua e a retórica árabes, um novo dicionário surgido em 1870, uma enciclopédia árabe, e também jornais e revistas largamente difundidos. Em 1847 tinha sido fundada em Beirute, sob o seu patrocínio, uma academia chamada Sociedade das Artes e das Ciências, que compreendia unicamente cristãos, e teve como rival uma Sociedade Oriental, fundada em 1850 pelos

HISTÓRIA DO POVO ÁRABE | 123

jesuítas. Essas duas organizações rapidamente foram substituídas em 1857 pela Sociedade Científica Síria, que reunia também muçulmanos, e que teve muito tempo como presidente o emir druso Muhammad Arslan: suas atividades, momentaneamente interrompidas em 1860, recomeçaram a partir de 1868, e corresponderam à primeira manifestação de um sentimento nacional coletivo em país árabe. Mas a subida ao trono do sultão otomano 'Abd al-Hamid em 1876 contrariou esse movimento nascente, enquanto no Egito a ocupação britânica favoreceria o despertar da consciência árabe.

'Abd al-Hamid caracterizou-se por uma política de reação e de repressão a qualquer tentativa de autonomia, e assim que assumiu o poder aproveitou a declaração de guerra da Rússia para abolir a Constituição parlamentar que um grupo de políticos esclarecidos tinha conseguido fazer o estado otomano adotar. O regime autoritário e policialesco que impôs durante trinta anos, e cujos efeitos o mundo árabe sofreu particularmente, teve por resultado fazer numerosos intelectuais deixarem a Síria e se refugiarem no Egito. Apesar disso, o sentimento nacional árabe se reforçou aos poucos nas províncias sírias, manifestando-se em sociedades secretas, a primeira das quais, fundada por cinco jovens cristãos educados no Colégio Sírio-Protestante de Beirute, denunciou em panfletos os abusos do regime e conclamou a população à rebelião. Pela primeira vez os nacionalistas reivindicavam não somente a independência de seu país, mas o reconhecimento do árabe como língua oficial (ao longo dos decênios precedentes, o turco se tornara a língua administrativa) e a manutenção dos regimentos sírios em seu próprio país, condenando assim o seu envio contra o Iêmen revoltado ou contra os exércitos russos.

Paralelamente, a atividade das missões europeias não diminuiu seu ritmo durante a época do "despotismo" hamidiano, encorajada por países estrangeiros que sustentavam mais particularmente essa ou aquela comunidade. As missões francesas eram ligadas sobretudo aos maronitas e aos "melquitas" (cristãos de rito grego vinculados a Roma); os russos sustentavam os "ortodoxos", e parece que os ingleses estavam interessados especialmente nos drusos, enquanto os americanos criavam uma Igreja presbiteriana síria. Tais atuações, que favoreceram a divisão entre as comunidades, contribuíram para o desenvolvimento cultural de minorias que aprendiam as línguas europeias, o que levou os muçulmanos a aprofundar o estudo da cultura árabe-islâmica. O movimento nacionalista árabe, desencadeado por não muçulmanos, foi assim retomado pelos muçulmanos, alguns dos quais emigraram para o Egito. O principal representante dos que emigraram foi al-Kawâkibi (1869-1903), que, depois de ter sido encarcerado por ofensa ao sultão, começou (em 1898) uma ativa existência de viagens. Sua obra principal, intitulada *Os atributos da tirania*, era uma compilação de artigos panfletários, mas em outros escritos ele também incitava a regeneração da religião. Alguns efeitos dessa propaganda se manifestaram na Europa, e mais particularmente em Paris, onde foi fundada, em 1904, uma Liga da Pátria Árabe que reivindicava a libertação da Síria e do Iraque.

Durante esse tempo, no Egito, o programa nacionalista egípcio de 'Urabi paxá foi retomado por Mustafá Kâmil

HISTÓRIA DO POVO ÁRABE | 125

(1875-1908), que, depois de realizar seus estudos superiores na França, fundou no Egito, em 1900, um jornal intitulado *O Estandarte*, e, em 1907, organizou um partido político chamado Partido Nacional, para reivindicar um governo constitucional e pedir o fim da ocupação estrangeira, reconhecendo o princípio da soberania otomana.

O nacionalismo egípcio não se opôs, portanto, ao pan-islamismo que tinha a proteção de 'Abd al-Hamîd, e cujo principal defensor era o iraniano Djamâl al-dîn, chamado al-Afghâni (1838-1897), conhecido como o fundador de um movimento religioso reformista. Esse personagem impulsivo e sensível às diversas formas de ingerência europeia nos países islâmicos, imbuído igualmente de ideias modernas, sugeria a formação de uma união pan-islâmica que reagruparia todos os países muçulmanos em torno da Turquia e do Irã. Ao mesmo tempo, encorajava o desenvolvimento da instrução entre os muçulmanos e se dedicava a defender o islã, como religião, contra as acusações que lhe eram dirigidas, principalmente a de conduzir ao fatalismo. Os projetos de união pan-islâmica jamais se realizaram, visto que o Império otomano sunita e o Irã xiita eram ideologicamente distintos. Mas a ação, bastante desorganizada, de Djamâl al-dîn foi o ponto de partida para um despertar intelectual no Egito e favoreceu o desenvolvimento do nacionalismo.

3. A evolução do Oriente Próximo de 1908 a 1914

A revolução de 1908, que levou o sultão 'Abd al-Hamîd a outorgar uma constituição ao seu povo, marcou o início de um novo período. Nos primeiros tempos, a constituição de inspiração democrática, que punha no mesmo plano os súditos das diversas etnias, provocou grandes manifestações de fraternidade entre turcos e árabes, e um movimento chamado Fraternidade Árabe-otomana foi fundado em Istambul em setembro de 1908. Na mesma época era inaugurado o último trecho da linha da estrada de ferro do Hidjaz, e o xerife Hussein, até então em residência guardada em Istambul, foi nomeado para Meca, medidas que testemunhavam a boa vontade do governo otomano em relação aos árabes. Mas, pouco depois, a composição do Parlamento, onde se sentavam apenas sessenta deputados árabes, decepcionou a opinião sírio-iraquiana, e a política de centralização máxima praticada pelo governo provocou resistências. Novos partidos e sociedades nasciam em Istambul e sobretudo no Cairo, onde apareceu, em 1912, o Partido Otomano da Descentralização, dirigido por um comitê de trinta membros muçulmanos e cristãos, de origem sírio-palestina. Esse partido afirmava sua fidelidade ao governo otomano, mas pregava uma solução federalista. De tendência análoga era a sociedade secreta, fundada em 1909 sob o nome de *al-kahtâniyya*, que compreendia sobretudo oficiais árabes do exército otomano, entre os quais um certo 'Aziz 'Ali al-Misri: essa sociedade reclamava a criação de um reino árabe unido ao reino turco, como a Hungria à Áustria. Outros exigiam soluções mais radicais. Assim, a sociedade secreta, fundada em Paris em 1911 por sete jovens árabes, chamada al-Djâmî'a al-Fatat, que se transferiu para Beirute em 1913, inspirou a reunião, nessa cidade, de um comitê de reforma que reclamava, em vão, a autonomia das províncias árabes. Ante o endurecimento da oposição otomana que se seguiu, a sociedade al-Fatat não cedeu, mas pareceu aderir à política de descentralização. Negociações entabuladas com o Comitê União e Progresso chegaram apenas ao decreto imperial de 18 de agosto de 1913, e a concessões muito limitadas. Pouco depois, Aziz Ali Al-Misri, que acabava de fundar uma nova sociedade secreta para oficiais, chamada Convenção, foi preso, julgado, condenado à morte e, depois, perdoado.

No Egito, o partido de Mustafá Kâmil foi dissolvido em 1912, depois da descoberta de um complô, e o Partido da Nação, de programa moderado, fundado pelo reformista Muhamad 'Abduh, era o único autorizado. Na Arábia, a soberania otomana se enfraquecia progressivamente sob o efeito das influências estrangeiras tanto quanto das rebeliões locais. O sultão permanecia como senhor das cidades santas, mas o xerife Hussein anulava os esforços de uma política de centralização. O emir 'Abd al-'Azîz ibn Sa'ûd ocupou, em 1913, a província marítima do Hasa, e os ingleses se esforçaram para estender sua influência a essa região do golfo Pérsico, assinando tratados com os emires árabes do Kuwait, de Mascate, de Bahren, enquanto estabeleciam um protetorado na região de Aden (1904-1911). Quanto ao Iêmen, onde se encontrava um descendente dos imãs zayditas, depois de diversas insurreições, havia conseguido obter uma verdadeira autonomia. Enfim, no oeste do Egito, a Cirenaica, que tinha escapado à ocupação italiana, estava praticamente nas mãos dos sanusis, membros de uma confraria combatente fundada em meados do século XIX que procuravam organizar a resistência contra o ocupante europeu.

Viam-se assim, nas regiões submetidas à autoridade otomana, as primeiras manifestações de um despertar político e de uma consciência nacional árabe, animadas por uma elite intelectual que em vão se esforçava para obter do governo central a autonomia, ou a independência. Mas um outro problema, que tomou amplitude insuspeitada, começava a se apresentar ao Oriente Próximo árabe. A população da Palestina, que sempre incluía certa proporção de judeus, viu esse elemento aumentar sensivelmente, segundo um movimento começado no século XVI, causado pela imigração de israelitas vindos da Europa Central. No fim do século XIX, o movimento tinha encontrado nova justificativa na doutrina chamada "sionista", elaborada por Theodor Herzl, por volta de 1897. No tempo de 'Abd al-Hamîd, partidários do sionismo não conseguiram conquistar o sultão para sua causa, mas os jovens turcos do Comitê União e Progresso, que incluía alguns judeus influentes, mostraram-se mais favoráveis à instalação de judeus europeus na Palestina, o que provocou, no outono de 1912, no Parlamento otomano, um novo protesto dos deputados árabes. O problema palestino estava assim levantado, ao lado do problema do nacionalismo árabe, às vésperas da guerra de 1914, e iam tornar-se ainda mais agudos na explosão do conflito, quando a confusão do Oriente Próximo que se seguiu — e que tinha, em parte, gerado a posição tomada pelo governo otomano — introduziu o mundo árabe na fase contemporânea de sua história.

4. O mundo árabe de 1914 até nossos dias

A Primeira Guerra Mundial trouxe aos países árabes do Oriente esperanças e desilusões. Como a Porta otomana tinha tomado o partido dos poderes "centrais", os árabes se aproximaram dos aliados. Na Síria, em 1915 e 1916, patriotas muçulmanos e cristãos confirmaram suas reivindicações e foram perseguidos pelos governadores otomanos, enquanto o xerife Hussein de Meca, longe de se associar à política de seus "protetores", estabelecia contato com as autoridades inglesas e, a partir de junho de 1916, proclamava a revolta árabe ao lado dos aliados. Começa, então, a famosa campanha de guerrilha conduzida pelos beduínos, comandada por Faissal, filho de Hussein, com a ajuda de T. E. Lawrence e de um oficial iraquiano.

Sabe-se que, depois de circunstâncias diversas, nas quais os árabes puderam ver os efeitos de manobras pouco honestas, a revolta desencadeada por Faissal não atingiu seus objetivos. Embora seu exército tenha conseguido ocupar Damasco em outubro de 1918, os acordos feitos antes entre Hussein e as autoridades inglesas — acordos nos quais faltava, como se soube mais tarde, precisão suficiente — foram logo questionados. Um outro compromisso antigo, o acordo Sykes-Picot, adotado em maio de 1916, foi assumido e resultou no Tratado de San Remo, pelo qual a França recebeu em "mandato" a Síria e o Líbano, enquanto a Grã-Bretanha se encarregava do Iraque e da Palestina. A proclamação de Faissal como rei da Síria, em março de 1920, não impediu os franceses de expulsá-lo do país pela força, em junho.

O sistema de "mandatos" foi completado entre 1922 e 1924, de modo que os antigos povos árabes submetidos ao Império otomano passaram a formar cinco estados distintos que viviam sob mandato francês ou britânico: o Líbano, a Síria, o Iraque (onde se estabeleceu o rei Faissal), a Transjordânia (onde se instalou 'Abd Allah, irmão de Faissal) e a Palestina. Nesse meio-tempo, a questão da Palestina tornou-se o objeto da Declaração de Balfour (em novembro de 1917), que preconizava o estabelecimento de um "lar nacional judaico", e foi seguida da conclusão de um acordo (janeiro de 1919) entre Faissal e o líder judeu Weizmann. Mas, como Faissal não obteve a constituição do grande estado árabe que aspirava dirigir, o acordo fracassou.

Ao mesmo tempo, a influência britânica se fazia presente mais acentuadamente sobre o Egito, cujo quediva, acusado de simpatia pela Turquia e pela Alemanha, foi deposto, e onde a ocupação inglesa, estabelecida desde 1882, dava lugar a um "protetorado" (dezembro de 1914). O movimento nacionalista egípcio reagiu a essa situação reforçando-se continuamente durante a guerra e os anos que se seguiram. Seu chefe foi Sa'd Zaghlul, antigo discípulo de al-Afghani e de Muhammad 'Abduh, que quis participar da Conferência da Paz, à frente de uma delegação egípcia chamada *wafd*. Na tentativa de conseguir um acordo, o governo inglês usou de conciliação e de violência; finalmente, diante das reações provocadas pela prisão e pela deportação de Zaghlul, decidiu proclamar o fim do protetorado (fevereiro de 1922), com algumas limitações sobre a defesa e os negócios exteriores.

Assim, o Egito tornou-se um reino nominalmente independente, à frente do qual estava o rei Fu'ad, filho do antigo quediva. Essa decisão não resolveu todos os problemas, pois o movimento dirigido por Zaghlul tomou a forma de um partido político chamado *wafd*, denunciou as contradições da proclamação britânica e prosseguiu a luta no sistema parlamentar estabelecido pela Constituição de 1922.

Enquanto a Turquia kemalista[11] abolia o califado (1924), os diversos estados árabes do Oriente Próximo, monarquias ou repúblicas, começavam a praticar a vida parlamentar que os poderes tutelares aí haviam introduzido simultaneamente aos métodos de administração e às técnicas ocidentais. Suas populações foram, entretanto, igualmente confrontadas com os ideais totalitários que logo se manifestaram nos alemães e italianos; elas também estavam submetidas à influência dos regimes kemalista da Turquia ou bolchevique da Rússia, que exerciam sobre elas certa sedução. Enfim, a existência do problema palestino, agravado pelas consequências das medidas antissemitas que começavam a adotar os estados totalitários, ajudava, num Oriente Próximo árabe dividido e economicamente pouco desenvolvido, o nascimento de sentimentos de frustração, bem como de desconfiança para com os europeus em geral.

O período compreendido entre 1920 e 1939 conheceu transformações políticas, algumas das quais tiveram fortes consequências. Na Arábia, frustraram-se os planos de Hussein,

---

[11] Princípio político e ideológico que define as características básicas da República da Turquia. *(N. da R.)*

que em 1924 tinha tentado ser reconhecido como o califa de todos os muçulmanos; e logo o rei do Nejd wahhabita, 'Abd al-'Azîz ibn Sa'ûd, se apossou do Hidjaz e de dois terços da Arábia, fundando, em 1932, o reino da Arábia Saudita, ao lado do qual apenas subsistiam o imanato do Iêmen e os diversos sultanatos da Arábia do Sudeste sob a proteção britânica. Na Arábia Saudita, onde a lei corânica era estritamente observada, reinava, por causa da doutrina wahhabita, uma austeridade de caráter religioso que chegava a interditar as manifestações de piedade, julgadas condenáveis (interdição dos mausoléus e das práticas de algumas confrarias, por exemplo), o que contrastava com a evolução observada na maior parte dos outros novos estados, onde não somente o direito público mas também o direito penal eram largamente modificados segundo o modelo das legislações europeias.

De seu lado, a Transjordânia, onde reinava de fato uma legião árabe "comandada" por oficiais ingleses, tinha uma existência calma. Mas a situação era complexa no Iraque, onde uma população urbana importante manifestou rapidamente suas tendências nacionalistas. A Grã-Bretanha viu-se, em consequência, obrigada a substituir o mandato por uma aliança militar e diplomática (independência negociada em 1930). Em 1932, o Iraque foi admitido na Sociedade das Nações; depois, em 1936, pôde concluir com a Arábia Saudita um pacto que selava a reconciliação entre as dinastias hachemita e saudita.

Paralelamente, a Síria e o Líbano não aceitaram sem protesto a tutela francesa, que, entretanto, lhes proporcionava inúmeras vantagens culturais ou econômicas. Desde 1925,

HISTÓRIA DO POVO ÁRABE | 133

as autoridades francesas enfrentaram uma rebelião drusa, duramente reprimida. A Síria tinha sido dividida em unidades administrativas distintas (Damasco, Alepo, Djebel Druzo, Alauitas, Sanjak de Alexandrette); mas essa divisão, inspirada pelas necessidades de governo, foi aceita com dificuldade. A França pensou, então, em seguir o exemplo da Grã-Bretanha e substituir o mandato por um tratado de aliança — todos projetos de independência, preparados ao mesmo tempo para a Síria e para o Líbano, que foram rejeitados pelo Parlamento francês em 1936 e então adiados. Além disso, às vésperas da Segunda Guerra Mundial, o Sanjak de Alexandrette, que tinha uma população parcialmente turca, foi cedido à Turquia pelas autoridades francesas.

Todavia, incidentes e protestos diversos pouco alteraram, entre as duas guerras, a prosperidade de uma Síria e de um Líbano mais calmos que uma Palestina, cuja sorte estava mal definida: os acordos Hussein-MacMahon foram contestados pela Declaração de Balfour, que permitia muitas interpretações. Na realidade, os judeus, que, após a vitória do nazismo na Alemanha, foram se estabelecer em grande número na Palestina (eram um milhão e meio em 1939, contra um milhão de árabes), pretenderam se apoiar nela para criar um estado sionista. Estando os imigrantes instalados em terras cultivadas de forma moderna, os choques se tornaram cada vez mais violentos entre esses elementos ativos e elementos árabes que continuavam alheios ao desenvolvimento da técnica ocidental, uns e outros alegando, por razões diferentes, que tinham direitos históricos sobre a Palestina. Os esforços de autoridades britânicas para reconciliar as partes confrontadas se esgotaram, e nenhum acordo pareceu possível entre a Agência Judaica Mundial e o Congresso Árabe-Palestino dirigido pelo mufti de Jerusalém, Amîn al-Husayni. Assim, em 1939, quando o projeto do estado árabe-judaico não recebeu a aprovação dos judeus, encaminhou-se para a solução da divisão de uma Palestina que, durante todo esse período, tinha ficado sob governo militar, sem que a causa dos árabes fosse eficazmente defendida.

Nesse meio-tempo, a experiência do regime parlamentar no Egito enfrentou dificuldades crescentes: a Constituição de 1923, substituída por outra em 1930, foi restaurada em 1935 sob a pressão do partido *wafd,* que, pouco depois, negociava com a Grã-Bretanha um novo tratado, de 1936, segundo o qual os ingleses desocupavam o Egito, com exceção da zona do Canal. O Egito alcançou, às vésperas da Segunda Guerra, uma situação de independência quase completa, que muitos outros países árabes do Oriente Próximo ainda não tinham conseguido, mas sua situação econômica continuava muito precária, e esse estado de subdesenvolvimento que partilhava com os outros países árabes do Oriente Próximo o impediu de usar plenamente a soberania conseguida gradativamente.

Os indícios prenunciadores de uma transformação, que logo seria sentida em todos os países árabes do Oriente Próximo, já eram perceptíveis. Jazidas importantes de petróleo tinham sido descobertas pouco antes de 1914 no norte do Iraque, e sua exploração confiada a uma sociedade internacional que representava interesses americanos, ingleses e

HISTÓRIA DO POVO ÁRABE | 135

alemães, e, após a guerra, franceses. Foram então construídos oleodutos de Kirkut ao Mediterrâneo, na direção de Haifa e Trípoli, e, entre 1933 e 1939, as companhias americanas obtiveram novas e importantes concessões na Arábia Saudita, no Kuwait e no Bahrein.

A dependência a que o atraso técnico levava os países árabes ricos em matérias-primas pressagiava uma nova fase de confronto simultânea à perspectiva do desenvolvimento industrial a longo prazo. Mas o acesso à independência dos estados orientais sob mandato tinha acompanhado diretamente as reviravoltas provocadas pela Segunda Guerra Mundial: transferência dos poderes ao Líbano e à Síria em 1943; independência da Transjordânia em 1946. A Liga dos Estados Árabes, que passaria a desempenhar um papel importante no concerto das nações, surgiu em 1945. Entretanto, é preciso notar que o desenvolvimento do nacionalismo não resultou na reunificação dos países que os aliados tinham separado segundo limites frequentemente arbitrários, e que tinham conquistado, nesse quadro, uma personalidade que continuaram a defender ciosamente: assim resultaram vãos os esforços empregados pelo rei Faissal para reconstituir sob sua égide uma "grande Síria".

Na mesma época, os países do Magrebe seguiam com atraso a evolução dos estados do Oriente Próximo, e conheceram, também eles, entre 1914 e 1945, um período reformista e nacionalista caracterizado, dependendo do país, por movimentos diversos. A etapa que iria assistir ao seu acesso à independência (para a Líbia, 1952; Marrocos e Tunísia, 1956; Argélia, 1962) se originou, certamente, do quadro histórico

136 | DOMINIQUE SOURDEL

aqui considerado. Mas já se desenhavam, no fim da Segunda Guerra Mundial, os problemas de estatuto e de relações recíprocas entre as comunidades distintas que a presença de colônias europeias, muito importantes e às vezes muito antigas, gerava nessas regiões. Os germes de conflitos ulteriores já são percebidos nas discussões que tinham agitado — na Argélia, por exemplo — os meios nacionalistas e reformistas entre 1930 e 1937; e uma tomada de consciência tão amarga quanto no Oriente Próximo, apesar das condições locais e étnicas diferentes, afirmaria, também ali, a confiança que o mundo árabe, no sentido moderno do termo, começava ter no seu futuro.

Acrescentemos que o fim da Segunda Guerra Mundial também foi marcado, no Oriente Próximo, pela decisão tomada pela ONU, em 1947, de dividir a Palestina, anteriormente sob o mandato britânico, em uma região hebraica que tomou o nome de Estado de Israel, e uma região árabe, ligada administrativamente ao reino da Jordânia. Essa decisão criou uma situação conflituosa que nunca foi resolvida. As guerras desencadeadas pelos países árabes em 1948, depois em 1967, resultaram na ocupação da Cisjordânia por Israel, que tentou, em 1993, obter a paz pela outorga de uma autonomia limitada aos territórios chamados "ocupados".

A partir de 1950, os estados do Oriente Médio adotaram regimes ao mesmo tempo nacionalistas e socialistas, responsáveis por decisões políticas que provocaram diversos problemas: nacionalização do canal de Suez em 1956; guerra dos países árabes contra Israel em 1967 e 1973; guerra civil no Líbano de 1975 a 1989 e ocupação do país por tropas sírias;

HISTÓRIA DO POVO ÁRABE | 137

guerra Irã-Iraque de 1980 a 1988; anexação do emirado do Kuwait pelo Iraque em 1990; e intervenção das forças americanas e europeias para libertar o Kuwait.

Quanto aos estados do Magrebe, sobrevivem nos últimos decênios do século XX linhas de evolução política que levam a resultados bem diferentes. Enquanto a Tunísia se modernizou mantendo com os países europeus relações econômicas proveitosas, e superou o subdesenvolvimento, o Marrocos seguiu esse caminho apenas por razões econômicas, sobretudo de modo conjuntural, e apesar da constante estabilidade política. Já a Argélia, dividida entre as tendências nacionalistas, islâmicas e democráticas, não chegou a encontrar o equilíbrio econômico nem mesmo a tranquilidade interna.

BIBLIOGRAFIA

Abu-Lughod. J. L. *Cairo*, Princeton, 1971.

Adams, C. C. *Islam and Modernism in Egypt*, Londres, 1938.

Amari, M. *Storia dei Musulmani di Sicilia*, Catane, 1933-1939.

Antonius, C. *The Arab Awakening, The Story of the Arab National Movement*, Londres, 1938, nova ed., 1961.

Arendonk, C. van. *Les débuts de l'imamat zaydite au Yémen*, trad. franc., Leyde, 1960.

Arié, R. *L'Espagne musulmane au temps des Nasrides*, De Boccard, 1973.

Ayalon, D. *L'esclavage du Mamelouk*, Jerusalém, 1951.

Ayalon, D. *Le phénomène mamlouk en Orient*, Paris, 1996.

Baer, G. *Studies in the Social History of Modern Egypt*, Chicago, 1969.

Bianquis, T. *Damas et la Syrie sous la domination fatimide*, Damasco, 1986-1990.

Bosch Vilá, J. *Los Almorávides*, Tétouan, 1956.

Bosworth, C. E. *The Islamic Dynasties*. Edimburgo, 1967.

Brockelmann, C. *Histoire des peuples et des États islamiques*. trad. franc., Payot, 1949.

Brunschvig, R. *La Berbérie orientale sous les Hafsides*, A. Maisonneuve, 1940-1947.

Busse, H. *Chalif und Grosskönig*, Beirute, 1969.

Cahen, C. *Introduction à l'histoire du monde musulman médiéval*, A. Maison neuve, 1982.

_____. *La Syrie du Nord à l'époque des croisades*, Geuthner, 1940.

_____. *L'Islam, des origines au début de l'Empire ottoman*, Bordas, 1970.

Canard, M. *Histoire de la dynastie des Hámdânides de Jazîra et de Syrie*, Argélia 1951.

Chevallier, D. *La société du mont Liban à l'époque de la révolution industrielle en Europe*, Geuthner, 1971.

Darrag, A. *L'Égypte sous le règne de Barsbay*, Damasco, 1961.

Ed. Perroy, *Le Moyen Âge*, "Histoire générale des civilisations", PUF, 1955.

Eickhoff, E. *Seekrieg und Seepolitik zwischen Islam und Abendland*, Berlin, 1966.

Elisséeff, N. *Nûr al-Dîn*, Beyrouth, 1967.

Encyclopédie de l'Islam. 1ª ed., Leyde, 1913-1942, e 2ª ed., 1954 s.

Folz, R.; Guillou, A.; Musset, L.; Sourdel, D. *De l'Antiquité au monde médiéval*, "Peuples et civilisations", PUF, 1972.

Gabrieli, F. *Gli Arabi*, Florença, 1956.

_____. *Maometto e le grandi conquiste arabe*, Verona, 1967.

_____. *Storici arabi delle Crociate*, Turim, 1963.

_____. *The Arab Revival*, Londres, 1961.

Gibb, H. A. R. e Bowen, H. *Islamic Society and the West*, I, Londres, 1950-1957.

Gottschalk, H. L. *al-Malik al-Kamil im Egypten und seine Zeit*, Wiesbaden, 1958.

Halm, H. *Le chiisme*, Paris, 1995.

Hassan, Z. M. *Les Tulunides*, Paris, 1933.

Heyd, W. *Histoire du commerce du Levant*, trad. franc., 1885.

Holt, P. M. *Egypt and the Fertile Crescent, 1516-1922*, Londres, 1966.

Huici, A. M. *Historia política del Imperio almohade*, Tétouan, 1956-1957.

Idris, H.-R. *La Berbérie orientale sous les Zirides*, A. Maisonneuve, 1962.

Ismail, A. *Histoire du Liban du XVIIᵉ siècle à nos jours*, Paris, 1956; Beirute, 1958.

Julien, C.-A. *Histoire de l'Afrique du Nord*, Payot, 1952.

Laoust, H. *Les schismes dans l'islam*, Payot, 1965.

Lapidus, I. M. *Muslim Cities in the Later Middle Ages*, Cambridge, Mass., 1967.

Lecomte, G. *Grammaire de l'arabe*, "Que sais-je?", PUF. 1968.

Lévi-Provençal, E. *Histoire de l'Espagne musulmane*, A. Maisonneuve, 1950-1953.

Lewis, B. *Les Arabes dans l'histoire*, trad. franc., Neuchâtel, 1958.

_____. *Les Assassins*, trad. franc., Berger-Levrault, 1982.

Lombard, M. *L'Islam dans sa première grandeur*, Flammarion, 1971.

Lyons, M. C. e Jackson, D. E. P. *Saladin*, Cambridge, 1982.

Marçais, G. *La Berbérie musulmane et l'Orient au Moyen Âge*, Aubier, 1946.

Mez, A. *Die Renaissance des Islams*, Heidelberg, 1922.

Miquel, A. *La littérature arabe*, "Que sais-je?", PUF, 1969.

Pirenne, J. *Arabie préislémique, apud* "Encyclopédie de la Pléiade", *Histoire de l'art*. I, Gallimard, 1961, p. 899-929.

Poliak, A.-N. L'arabisation de l'Orient sémitique, dans *Revue des Études Islamiques*, 1938.

Richard. J. *Histoire des Croisades*, Paris, 1996.

Rodinson, M. *L'Arabie avant l'Islam, apud* "Encyclopédie de la Pléiade", *Histoire Universelle*, II, Gallimard. 1957, p. 3-36.

Sauvaget, J. *Alep*, Geuthner, 1941.

Shaban, M. A. *Islamic History*, 1-2, Cambridge, 1971-1976.

_____. *The 'Abbâsid Revolution*, Cambridge, 1970.

Sourdel, D. *L'État impérial des califes abbassides*, Paris, PUF, 1999.

_____. *L'Islam*, "Que sais-je?", 19[a] ed., PUF, 1997.

_____ e Sourdel, J. *Dictionnaire historique de l'islam*, Paris, 1996.

_____ e _____. *La civilisation de l'islam classique*, Arthaud, 1968.

Sourdel-Thomine, J. e Spuler, B. *Die Kunst des Islam*, Berlim, 1973.

Spuler. B. *Iran in frühislamischen Zeit*, Weisbaden, 1952.

Talbi, M. *L'émirat aghlabide*, I, A. Maisonneuve, 1966.

HISTÓRIA DO POVO ÁRABE | 143

Terrasse, H. *Islam d'Espagne*, Plon, 1958.

Tourneau, R. Le. *The Almohad Movement in North Africa*, Princeton, 1969.

Wawting, G. R. *The first dynasty of Islam*, Londres, 1986.

Wiet, G. *L'Égypte arabe de la conquête arabe à la conquête ottomane*, Paris, 1934.

Zeine, Z. N. *The Emergence of Arab Nationalism*, Nova York, 1973.

Este livro foi impresso nas oficinas da
DISTRIBUIDORA RECORD DE SERVIÇOS DE IMPRENSA S.A.
Rua Argentina, 171 — Rio de Janeiro, RJ
para a
EDITORA JOSÉ OLYMPIO LTDA.
em fevereiro de 2011

*

79º aniversário desta Casa de livros, fundada em 29.11.1931